CRIME
E PROCEDER
Um experimento antropológico

Adalton Marques

CRIME
E PROCEDER

Um experimento antropológico

alameda

Copyright © 2014 Adalton Marques

Grafia atualizada segundo o Acordo Ortográfico da Língua Portuguesa de 1990, que entrou em vigor no Brasil em 2009.

Edição: Joana Monteleone/Haroldo Ceravolo Sereza

Editor assistente: João Paulo Putini

Projeto gráfico e diagramação: João Paulo Putini

Assistente acadêmica: Danuza Vallim

Capa: Gabriel Patez Silva

Revisão: Felipe Lima Bernardino

Assistente de produção: Camila Hama

Imagens da capa: Ilustração de Ion F. de las Heras (inspirado em Paul Klee).

Este livro foi publicado com o apoio da Fapesp.

CIP-BRASIL. CATALOGAÇÃO NA PUBLICAÇÃO
SINDICATO NACIONAL DOS EDITORES DE LIVROS, RJ

M315c

Marques, Adalton
CRIME E PROCEDER : UM EXPERIMENTO ANTROPOLÓGICO
Adalton Marques - 1. ed.
São Paulo : Alameda, 2014
214p. ; il.; 21 cm

Inclui bibliografia
ISBN 978-85-7939-267-2

1. Prisões – Brasil. 2. Prisioneiros – Brasil. 3. Pena (Direito)
– Brasil. I. Título.

14-10918   CDD: 365.981
                                CDU: 343.811(81)

ALAMEDA CASA EDITORIAL

Rua Conselheiro Ramalho, 694 – Bela Vista

CEP 01325-000 – São Paulo – SP

Tel. (11) 3012-2400

www.alamedaeditorial.com.br

À memória de meu pai, José:
diminuta lembrança que impõe *exigência.*

À minha mãe (-pai), Yvone:
dispendiosa energia que roga *escolha.*

Ao meu querido filho, Pedro:
disposta alegria que adiciona *esperança*

*Quando souber anatomia poderei
fazer tudo. Ah, libertar-me daqueles
asquerosos modelos! Porque até um satíri-
co gosta de ser livre e independente.*

(Paul Klee)

SUMÁRIO

APRESENTAÇÃO 11

PREFÁCIO 15

INTRODUÇÃO 19

Conjuntura histórica 19

Experimento antropológico 28

Interlocutores 39

GENEALOGIAS: O "PROCEDER" E A 43
DIVISÃO ESPACIAL "CONVÍVIO"-"SEGURO"

Há "proceder", há divisão espacial "convívio"-"seguro" 43

Há!... Mas somente nos *pontos de vista* 60

Quatro *genealogias* 70

O "SER LADRÃO" 103

Um singular modo de voltar-se sobre si mesmo 103

"Humildade" e *cabulosidade* 112

"Debates" 129

Truco!, canastra limpa, *all in*: 144
digressões sobre "ocasiões" e relações

O "CRIME" 155

Origem indefinida, "movimento", considerações 155

Um *mundo de imponderáveis* 167

"Que a psicologia permaneça no lugar" 189

CONSIDERAÇÕES FINAIS 195

REFERÊNCIAS 199

AGRADECIMENTOS 209

APRESENTAÇÃO

Mais do que uma dissertação de mestrado (que tive o prazer de orientar), este livro traz uma densa experiência etnográfica, relevante tanto pelo tema quanto pelo modo como o aborda.

O *fazer antropológico*, neste trabalho, é um exercício de respeitoso relacionamento com o *outro*, com *outros* normalmente estigmatizados (homens que passaram pela experiência prisional) e que, portanto, costumam ser classificados antes mesmo de serem (re)conhecidos. Com rigoroso interesse etnográfico pelas sutilezas do que esse *outro* entende por *crime, proceder, convívio-seguro*, Adalton mergulhou nas complexidades dessas e de várias *relações entre ladrões*, registrando-as sem cair nas armadilhas da síntese, da tradução imediata e da totalização de multiplicidades irredutíveis.

Os leitores, desde as primeiras páginas, são convidados a se deslocar para patamares não convencionais de reflexão e se deparam com interlocutores reconhecidos pelo antropólogo como os mais dignos intérpretes de si mesmos. Dessa forma, ler este livro implica experimentar uma antropologia não produzida apenas pelo "antropólogo-observador", mas, principalmente, pelos "observados" em suas interlocuções com o "antropólogo-observador". Os sujeitos desta pesquisa, longe de serem meros fornecedores de dados, são autores e analistas de suas próprias experiências, o que caracteriza este trabalho como uma etnografia que rompe abertamente com preceitos positivistas, segundo os quais sujeito e objeto ou observador e observado se encontram em polos distintos de uma relação linear, fragmentada e previsível de produção de conhecimento.

Não por acaso, interlocuções teóricas de Adalton, seja com outros antropólogos seja com filósofos, estão menos explicitadas na obra do que os diálogos que ele travou com os homens que se dispuseram a lhe contar suas possibilidades enunciativas e suas estratégias de produção de verdades. Ao acompanharmos essas narrativas, somos apresentados, mais do que a um conjunto de direitos ou regras que regulam a vida no interior de presídios, a jogos de tecnologias e de subjetivações através dos quais, ao nomearem *o certo*, homens em situação de aprisionamento criam e aplicam regras válidas para a integralidade de suas vidas. Nesse diapasão, *crime* e *ser do crime* surgem menos como sinônimos de ilícitos penais e mais como movimentos, categorias em trânsito que atravessam regiões de significados à medida que nomeiam e produzem essas próprias regiões. Não se trata, portanto, de um trabalho que aborda instituições e institucionalizados

– "presidiários" e "cadeias" –, mas que extrapola essas unidades e alcança o relevante tema antropológico-filosófico da produção e efetivação de verdades, da natureza das normas e da complexa composição entre transcendência e imanência de regras.

O texto, originalmente levado à defesa no Programa de Pós-Graduação em Antropologia Social da Universidade de São Paulo, pouco foi alterado para esta publicação, tendo sido feitos apenas alguns ajustes pontuais, especialmente em função do tempo decorrido entre a aprovação do trabalho (fevereiro de 2010) e esta edição. Esta escolha não se deveu ao equívoco que seria considerar a dissertação um texto suficientemente acabado. Justamente por se reconhecer que ela resultou de polifonias que a marcaram como texto em construção, optou-se por manter as vozes que mais diretamente a forjaram e que já estavam contempladas na dissertação.

É, portanto, com muita satisfação que me recordo do parecer que a banca elaborou, ao concluir o ritual de defesa, ressaltando a excelência do candidato e indicando a dissertação para uma futura publicação. Eis que o futuro aqui se consubstancia em um livro que, sem dúvida, enriquecerá o acervo das produções brasileiras no campo da antropologia do direito, da política e da honra.

Ana Lúcia Pastore Schritzmeyer
Coordenadora do NADIR (Núcleo de Antropologia do Direito da Universidade de São Paulo)

PREFÁCIO

Nos últimos anos temos acompanhado o surgimento de uma nova geração de pesquisadores que vêm renovando os estudos sobre crime e prisões no Brasil. Tais trabalhos, não só facultam um acúmulo de informações que antes eram inexistentes ou inacessíveis sobre determinados assuntos, como, principalmente, inauguram novas formas de abordagem teóricas e metodológicas. Resultado de uma dissertação de mestrado no Programa de Pós-Graduação em Antropologia Social da Universidade de São Paulo, o livro que o leitor tem em mãos vem ocupar um lugar proeminente nesse conjunto de estudos. Nele, a experiência da vida prisional em São Paulo é descrita através de um ousado viés etnográfico. A partir da interlocução do autor com presos, ex-presos e seus familiares, surge um relato marcado pela preocupação em restituir a complexidade das experiências no cárcere em seus próprios termos, afastando, assim, as preconcepções teóricas ou os preconceitos morais que normalmente balizam o tratamento do assunto.

Crime e proceder é uma etnografia e, como tal, é resultado do encontro entre as teorias sociais de seus interlocutores e as teorias de que o antropólogo se torna portador ou se investe em algum momento. É um relato que se constitui em torno de perguntas, de problemas que os próprios presos levantam a partir de suas relações: 1) O que é "o proceder?", o que é "agir pelo certo?" – em torno dessas avaliações éticas são mobilizados diferentes pontos de vista e correlações com a divisão espacial "convívio-seguro" (aqui se conjuga a discussão sobre o saber na obra de Michel Foucault); 2) Como "blindar" a "mente", nos "debates" e também fora deles? (plano dos jogos estratégicos de força); 3) O que é ser "ladrão"? Como reconhecer aquele que é "cabuloso" e aquele que é "humilde"? (dimensão da produção de subjetividade); 4) O que é o "crime"? Quais os movimentos de efetuação do crime que a cada momento atualizam a disposição posicional de "aliados" e "inimigos"?

Movido por tais indagações surge um texto que esboça o que de melhor se pode almejar ao fim de uma pesquisa em antropologia: uma "teoria etnográfica" que, embora tenha sido forjada para dar conta de um campo específico de problemas, funciona como uma grade de inteligibilidade para outros contextos de pesquisa. É o que permite que este livro possa ser lido por pessoas de qualquer formação, ainda mais considerando que ao caráter descritivo que marca nossas etnografias adicionam-se as opções estilísticas do autor, tornando a leitura, ao mesmo tempo, desafiante e agradável.

É um livro surpreendente também no que diz respeito às escolhas epistemológicas e sua profunda ligação com escolhas políticas e éticas. Certamente, no que diz respeito à metodologia da pesquisa, pode-se aventar as dificuldades em efetuar um trabalho de campo dentro de prisões, onde os controles institucionais enviesam enormemente as tentativas de interlocução com os presos. Diante disso, o que encontramos aqui é uma inserção de campo original que posiciona o autor nas redes relacionais que circunscrevem as prisões. Uma aproximação "marginal", no duplo e bom sentido da palavra: de se posicionar e se manter nas franjas de uma instituição que funciona como um maquinário centrípeto, um buraco negro que traga enunciados e visibilidades; e de escrever à margem, como dizia Paulo Leminski, "deixando branca a página para que a paisagem passe" (lembro aqui de elementos comezinhos da pesquisa, como o momento adequado ao registro durante o trabalho de campo. Mas não só deles: "deixar branca a página" também remete às relações com a fala de nossos interlocutores, com a precaução de evitar "a indignidade de falar pelos outros").

Entretanto, as inovações presentes neste livro não se restringem ao plano metodológico em seus aspectos mais pragmáticos. Vão muito além e, embora o texto não explicite, é aí que reside a potência de renovação de nossas abordagens que este trabalho comporta. Em termos sumários, trata-se de opor (no sentido de criar resistência) uma perspectiva "acontecimental" – claramente inspirada pela obra de Michel Foucault e que afirma, na ausência de verdades trans-históricas, o caráter singular dos fenômenos que tomamos como objeto de estudo – a uma perspectiva "finalista" (ou "estatal"). A opção pela primeira funciona indiretamente como um revelador dos pressupostos implícitos na discussão sobre a segurança pública no Brasil, baseada na busca de universais, na concatenação de cadeias de causa e efeito, no princípio da identidade, no englobamento das diferenças e produção do consenso através da promoção de um único ponto de vista.

Em resumo, o que atravessa este livro, no limite, é uma linha de contra-efetuação. É o que Adalton Marques faz. Parece fácil, mas não é. É o mais difícil. Encerro com um convite: adentre livremente nas páginas que se seguem e seja bem-vindo, leitor, ao ato de experimentar um pensamento corajoso.

Antonio Rafael Barbosa
Professor do Departamento de Antropologia da
Universidade Federal Fluminense

INTRODUÇÃO

Conjuntura histórica

Com a rebelião na Penitenciária de Avaré, na tarde de 12 de maio de 2006, sexta-feira, deu-se início àquilo que viria a ser chamado de "Ataques do PCC" – sigla do coletivo de presos Primeiro Comando da Capital.[1] Horas mais tarde, no início da noite, deflagravam-se pela Região Metropolitana de São Paulo ataques contra policiais civis, policiais militares, agentes penitenciários, guardas civis, e também contra um Distrito Policial. No amanhecer seguinte, os noticiários já anunciavam o curso de uma "megarrebelião" que abrangia mais de duas dezenas de unidades

---

1 Um *corpus* discursivo sobre esse coletivo é formado, gradativamente, ao longo deste livro. É imprescindível pontuar, já de início, baseado em minhas impressões de campo, que as políticas do PCC vigoram em pelo menos 90% das unidades prisionais coordenadas pela Secretaria da Administração Penitenciária do Estado de São Paulo (SAP) – eram 147 unidades na época em que concluí esta pesquisa.

prisionais por todo o estado. No decorrer do dia, constantemente, noticiavam-se atualizações das somas de ataques a órgãos públicos, bem como do número de mortos entre policiais, agentes penitenciários e "criminosos". Aos poucos, passam a ser registrados ataques em cidades do interior do estado e da Baixada Santista. No domingo do Dia das Mães, as ações policiais são intensificadas, contudo, se verifica o início de rebeliões em outras dezenas de unidades prisionais e também em unidades da Fundação Estadual do Bem-Estar do Menor (Febem). Os ataques não cessam; vários ônibus são incendiados. Na segunda-feira, dia 15 de maio, a cidade de São Paulo se vê envolta em pânico e se paralisa, parcialmente: órgãos públicos, comércio, instituições de ensino fecham suas portas; linhas de ônibus deixam de operar; o rodízio de veículos é suspenso. Ainda nesse dia, agências bancárias passam a ser alvos de novos ataques e somente à noite ocorre a contenção parcial das rebeliões em andamento. Os ataques prosseguiram com menor intensidade nos dias seguintes, entretanto, uma "segunda onda de ataques" ainda seria desfechada entre a madrugada do dia 11 (terça-feira) e a tarde do dia 13 (quinta-feira) de julho desse mesmo ano.[2]

---

2   As quantificações acerca desse episódio permanecem controversas. Para se ter uma ideia da magnitude desse acontecimento, vale consultar o balanço divulgado pela Secretaria de Segurança Pública do Estado de São Paulo, em 22/05/2006: <http://www.ssp.sp.gov.br/home/noticia.aspx?cod_noticia=8284>. Cf. também os resultados da pesquisa encomendada pela CONECTAS Direitos Humanos ao Laboratório de Análise da Violência (LAV-UERJ), sob coordenação de Ignacio Cano e Alberto Alvadia (CONECTAS Direitos Humanos *et al*, 2008).

No dia 19 de julho, a revista *Veja* trouxe a público uma edição especial sobre o PCC. Já no início desse dossiê era apresentada uma reflexão segundo a qual as "duas ondas de ataques" promovidas por tal "facção" encerram um paradoxo:

> Os cabeças da organização estão presos, o que demonstra a eficiência do trabalho policial. Querem, no entanto, ditar as condições em que cumprem suas penas e, ao fazê-lo com explosiva capacidade de comando e coordenação, comprovam que continuam a lançar um repto mortal à autoridade do Estado.

Segundo esse raciocínio que constrói o paradoxo citado, a erupção de vozes prisionais que querem "ditar as condições" para o cumprimento de suas penas é tida como espantosa e extraordinária. Apesar disso, parece que, de um modo um tanto despropositado, a própria reportagem fala de uma tal "história mundial de repressores e reprimidos", na qual, sob condições imutáveis, aqueles que estão presos teriam a seu favor o "fator tempo" e a "excepcional mobilização de recursos mentais e psicológicos" na luta contra as autoridades. Essa tal teoria jornalística, que postula a invariação histórica da luta entre repressores e reprimidos, poderia ser suficiente para afastar tanto espanto ante as reações de prisioneiros – mesmo através de "táticas terroristas", como afirma a reportagem – às autoridades que os aprisionam. Poderia servir, inclusive, para alocar tal espanto à frente das expectativas de que a prisão possa anular ou neutralizar qualquer reação desses homens encarcerados. Poderia... Não fosse a poderosa força do anseio explicitado nesse paradoxo.

O sentido de tal anseio também perpassou os discursos eleitorais para as eleições de outubro de 2006. A famigerada "questão da segurança" foi trazida para o centro dos debates e a especulação do momento era a respeito de uma suposta negociação que representantes do estado de São Paulo haviam feito com os "líderes do PCC", com o intuito de encerrar os "ataques". Na pauta, um ponto indiscutível, consensual: as negociações do estado com prisioneiros são indícios de perda da soberania estatal. Contra isso, nenhuma teoria geral da luta entre aprisionados e aprisionadores poderia fazer frente.

Não era forçoso enxergar, no âmago desse anseio, uma atualização da convicção de que a tecnologia prisão conseguiu, em algum ponto do tempo e do espaço, ou conseguirá, eliminar, ou pelo menos neutralizar, as vontades dos prisioneiros em suas relações – negociações, negações, "guerras" etc. – com a administração prisional. Nesse anseio, a instituição prisão ainda é recoberta, como fora em seu nascimento – sua transição para uma penalidade de detenção –, de um caráter de obviedade: 1) é óbvio que a privação de liberdade é o castigo igualitário numa sociedade em que a liberdade é um bem que pertence a todos da mesma maneira; 2) é óbvio que seu papel é o de transformar os indivíduos.[3] E por mais que se possa argumentar que essa obviedade não está intacta, afinal seu objetivo de tornar os indivíduos dóceis e úteis através de um trabalho preciso sobre seus corpos sempre

---

3   Sobre o caráter de obviedade da prisão, cf. Foucault (2004: 195-197).

apresentou inconvenientes,[4] não se pode perder de vista que a prisão continua a ser tida como um projeto plausível. Ainda não se parou de reformá-la. Não se parou de repetir fórmulas para reformá-la: "Há um século e meio que a prisão vem sempre sendo dada como seu próprio remédio; a reativação das técnicas penitenciárias como a única maneira de reparar seu fracasso permanente (...)" (Foucault, 2004: 223).

O que há de mais poderoso no anseio discutido está sustentado no fato de que o projeto prisional é admissível, em sua permanente reforma e expansão. É imprescindível notar que à época dos "ataques do PCC" estávamos no seio de uma intensificação sem precedentes da política de encarceramento no estado de São Paulo, que se iniciara com o governo Mário Covas, no ano de 1995, se estendendo àquele presente ano de 2006, que marcava o final do governo Geraldo Alckmin.[5] A palavra de ordem era aperfeiçoar e expandir o funcionamento penitenciário. E se no nascimento da prisão moderna o isolamento[6] fora fixado como o princípio basilar para cumprir a contento o papel de transfor-

---

4   A reforma da prisão, por conta de tais inconvenientes, é contemporânea ao seu nascimento: sua reforma é seu próprio programa. Cf. Foucault (2004: 198).

5   Nesse período, a população prisional quase triplicou: de 55 mil para 145 mil presos, aproximadamente: <http://www.sap.sp.gov.br/common/dti/estatisticas/populacao.htm>. A expansão dessa política de encarceramento continuou a todo vapor durante o governo José Serra – época em que concluí esta pesquisa.

6   Um duplo isolamento: do "mundo" e entre os presos. O primeiro isolamento pretende instaurar a solidão como instrumento positivo de reforma dos presos; o segundo pretende impedir "complôs e revoltas (...) cumplicidades futuras (...) associações misteriosas. Enfim, que a

mar os indivíduos, durante o governo Alckmin esse princípio elementar das prisões modernas era reeditado com o título de Regime Disciplinar Diferenciado (RDD).[7] Porém, não mais para transformar os indivíduos submetidos a essa *diferenciação* de disciplina, mas para conter aqueles suspeitos de pertencerem a "associações misteriosas": PCC, CRBC (Comando Revolucionário Brasileiro da Criminalidade), SS (Seita Satânica), CDL (Comando Democrático da Liberdade), TCC (Terceiro Comando da Capital).[8]

Acompanhando atentamente tais acontecimentos, não era difícil perceber que o anseio que perpassa o paradoxo apresentado por *Veja* e as políticas de segurança propostas pelos candidatos à presidência da República, colocava um problema fundamental: será possível, ou melhor, plausível realizar políticas públicas que buscam "zerar-nos" num gráfico cujo índice válido para mensuração da soberania

---

prisão não forme, a partir dos malfeitores que reúne, uma população homogênea e solidária" (Foucault, 2004: 199).

7   A Lei nº 10.792, de 1º de dezembro de 2003, tornou legítimo aos gestores prisionais brasileiros utilizar o RDD para coação de presos, provisórios ou condenados, suspeitos de "envolvimento ou participação, a qualquer título, em organizações criminosas, quadrilha ou bando", conforme descrito no segundo inciso de seu quinquagésimo segundo artigo. Sobre esses recairia, desde então, os confinamentos de até 360 dias (prorrogáveis) em alas especiais, através de celas individuais (por 22 horas, diariamente), sem atividades educacionais ou profissionais e com rigorosas restrições às visitas.

8   Entre os anos de 1820 e 1845 já se criticava, entre outros pontos, o fato de que a prisão "favorece a organização de um meio de delinquentes, solidários entre si, hierarquizados, prontos para todas as cumplicidades futuras" (Foucault, 2004: 221-222).

estatal é representado por um gradiente que vai do "nenhuma negociação com criminosos"/ "soberanamente soberano" ao "inumeráveis negociações com criminosos"/ "ausência absoluta de soberania"?[9] Será que possui alguma exequibilidade um projeto de prisão que pretenda "represar" qualquer tática de negociação, de reivindicação ou de enfrentamento por parte de prisioneiros? Refletindo sobre essas questões, punha-me a pensar nos dados de campo que já possuía sobre as relações entre a administração prisional e os prisioneiros, nas quais esses últimos eram o polo ativo da negociação.[10] Quão insustentável me parecia a intenção de anulá-los! Entretanto, quão reais eram os efeitos desse anseio!

À época, Karina Biondi (2007a) já havia apresentado uma importante contribuição etnográfica sobre as negociações entre essas partes. Além disso, tais relações não se tratam de fatos recentes. Fernando Salla discorreu sobre as resistências de prisioneiros na longínqua Penitenciária do Estado da década de 1920:

> Uma das formas mais indicativas da resistência que opunham os presos ao regime penitenciário estava relacionada à quebra da lei do silêncio. Pelo próprio Código Penal, depois do primeiro estágio da pena, de isolamento celular absoluto, era previsto o trabalho em

---

9   Não seria esse "zerar", em alguma medida, uma ressonância da doutrina da "tolerância zero", tão bem analisada por Wacquant (2001)?

10   Apresentei alguns resultados parciais em Marques, 2008. Nessa ocasião eu já havia colocado a problematização que marca o início desta Introdução. Retomo-a, contudo, com algumas modificações.

comum sob silêncio. Embora a Penitenciária do Estado tivesse por todos os corredores e dependências placas recomendando-o, os vários relatos das infrações cometidas pelos presos apresentados neste capítulo mostram freqüentemente a sua quebra (Salla, 2006: 216).

Em outro exemplo, o mesmo autor trouxe à luz o caso da "greve na vassouraria", ocorrida em 1927, na mesma instituição (Salla, 2006: 221-224). É fundamental lembrar que a Penitenciária do Estado, inaugurada em 1920, "(...) ao que tudo indica, (...) elegeu-se como símbolo de uma modernidade penal que parecia afinada com a marcha do processo civilizatório no Brasil" (Adorno, 2006: 19).

Por tudo isso, eu estava decidido a explorar meus dados etnográficos a partir de uma reflexão sobre a tese, guardada em *Vigiar e punir*, de que as táticas da prisão para docilizar e tornar úteis os corpos dos prisioneiros, não são postas em prática sem se defrontarem com contra-táticas elaboradas por esses próprios prisioneiros. Mais especificamente, eu pretendia estudar as políticas penitenciárias de "combate" àquilo que vem sendo caracterizado por "crime organizado", postas em exercício desde pelo menos o governo Mário Covas, em sua relação indissociável com as políticas dos prisioneiros.[11]

---

11 Durante o governo Alckmin, essas políticas ganharam considerável reforço através da Convenção de Palermo: "A Organização das Nações Unidas sempre esteve atenta ao fenômeno do crescimento do crime organizado transnacional, e está convencida de que uma resposta ao problema só pode ser efetiva se conduzida através da cooperação internacional. O primeiro passo em busca dessa cooperação foi dado em 1997, com a criação do Centro Internacional para a Prevenção do Crime

Nesse sentido, eu conferiria anterioridade a essas políticas – nem lógica nem histórica, mas pragmática – em detrimento das unidades "os presos" e "a prisão" que, de modo contumaz, desarticulam a possibilidade de pensar *termos em relação*. É que "os presos" e "a prisão" não têm vísceras (no sentido de que não têm interior); não são nada mais que efeitos móveis de suas próprias atualizações, derivados, portanto, das relações que os atravessam.[12] Com efeito, achava-me pronto para produzir uma etnografia que apresentasse as incidências recíprocas de tais políticas: se "o delinquente é o produto da instituição" (Foucault, 2004: 249), também é verdade que a instituição é produto do delinquente. Uma etnografia dividida em duas partes: na primeira, focalizaria os investimentos

---

(CICP), que é parte do Escritório das Nações Unidas contra Drogas e Crime. Em 9 de dezembro de 1998, a Assembleia Geral das Nações Unidas determinou, através da resolução 53/111, a criação de um comitê de trabalho com fim específico de elaborar uma convenção internacional sobre o combate às atividades do crime organizado transnacional. (...) Em dezembro de 1999, realizou-se em Palermo, Itália, uma convenção de alto nível para a assinatura do texto da convenção preparada por esse comitê, sob o título de Convenção das Nações Unidas contra o Crime Organizado Transnacional. Esse documento, também conhecido como Convenção de Palermo, representa um passo importante na luta contra o crime organizado transnacional, no qual as Nações Unidas expressam a sua convicção de que este é um problema real e grave, que só pode ser combatido por intermédio da cooperação internacional. A Convenção ficou aberta em Palermo por três dias, para assinaturas de adesão. Nesse período, representantes de 124 países das Nações Unidas assinaram o documento, o que representa a adesão mais rápida já obtida por uma convenção das Nações Unidas" (http://www.unodc.org/brazil/pt/articles_speechs_simposio_crime_organizado.html).

12 Não faço mais do que me apropriar dos deslocamentos promovidos por Foucault em suas análises sobre o "Estado" (2008 e 2004).

das políticas penitenciárias sobre os corpos dos prisioneiros; na segunda, focalizaria os investimentos das políticas dos prisioneiros sobre o *corpus* penitenciário (Marques, 2008).

Contudo, durante os desdobramentos desta pesquisa de mestrado, julguei que tal tarefa dependia de uma exposição etnográfica que levasse a um melhor termo os resultados de minha Iniciação Científica.[13] Era preciso voltar-me exclusivamente sobre os prisioneiros, explorar seus diferentes pontos de vista acerca da experiência prisional, suas defesas do que julgam ser "o certo", seus combates motivados por tais compreensões, suas estratégias durante os embates travados. Era preciso deter-me sobre as relações *entre* os próprios presos. Somente assim, segundo entendo, se sedimentará um solo propício à execução da tarefa que agora se encontra protelada para uma próxima etapa de pesquisa.

Experimento antropológico

O ponto de partida desta pesquisa está na composição dos resultados finais de minha Iniciação Científica. Durante a graduação, estive empenhado em me inserir na seara das

---

13 Iniciação Científica financiada pela Fapesp, de junho de 2006 a dezembro de 2006 – processo nº 05/58991-6 – sob orientação do Profº Dr. Marcos Pereira Rufino. Os resultados dessa pesquisa estão sistematizados na monografia *"Proceder": "o certo pelo certo" no mundo prisional*, apresentada como Trabalho de Conclusão de Curso na Fundação Escola de Sociologia e Política de São Paulo (FESPSP) ao final de 2006. Dessa pesquisa ainda resultaram diversas apresentações em congressos, dentre as quais destaco o painel *Investigação sobre o "proceder": um sistema simbólico do mundo prisional*, com o qual recebi menção honrosa no Prêmio Lévi-Strauss (Categoria A) organizado pela Associação Brasileira de Antropologia (ABA) durante a reunião de 2006.

discussões acerca de *estrutura* e *ação*. Com efeito, me referi sempre a uma dimensão simbólica, ou melhor, a um campo de estruturas significantes (sincronia) que, de todo modo, deve se acoplar à dimensão histórica da vida social (diacronia). A partir desses parâmetros, encontrei um complexo conjunto de regras que organiza parte significativa da experiência cotidiana no interior das unidades prisionais do estado de São Paulo, balizando os modos de se pedir licença para ficar em uma determinada cela, de se despedir no dia da concessão de liberdade, de se portar durante os dias de visita, de utilização do banheiro, a higiene das celas, os esportes, a conduta específica para os evangélicos, a escolha de vestimentas, os acordos econômicos, as trocas materiais, as resoluções de litígios, as diferenciações entre presos a partir dos motivos que os levaram à prisão e a partir de suas histórias antes mesmo do cárcere, enfim, as decisões sobre quem deve ser punido por não cumprir tais regras e como deve ser punido segundo a sua falta.

Pude verificar que todas essas regras estão compactadas, pela população carcerária, em uma única categoria nativa: "proceder". Todavia, tal palavra não é tomada pelos prisioneiros para indicar uma ação; antes, utilizam-na como atributo do sujeito. Mas não só isso, utilizam-na, também, como um substantivo. Desse modo, nunca é dito "ele procede", mas sim, "ele tem proceder" ou "o proceder". Pude verificar também que correlato à distinção entre presos que "têm proceder" e presos que "não têm proceder" se efetua um recorte preciso sobre o espaço prisional, uma divisão espacial entre "convívio" e "seguro". Se no primeiro permanecem aqueles reconhecidos como detentores do "proceder", no último são exilados aqueles que falharam sob esse regime de regras e condutas. Enfim, constatei ainda que as regras desse tal "proceder" variaram historicamente, culminando em diferentes defesas acerca do que é o "proceder verdadeiro" ou o "proceder pelo certo": uma defesa anterior à vigência dos "comandos" e diferentes defesas, atualmente, entre os diversos "comandos". Contudo, apesar da variação das regras, em nenhuma dessas defesas deixou-se de operar a divisão "ter proceder" / "não ter proceder".

Partindo desses resultados, compus um projeto de pesquisa que norteou a releitura dos dados com os quais eu contava, bem como a produção dos novos dados que eu viria a coletar. Esse norte consiste exatamente em evitar a dicotomia *estrutura simbólica / história* em proveito de uma análise na qual as atividades dos meus interlocutores aparecem sobre um plano de acontecimentos unívoco – não mais dois! –, entrecortado por escalonamentos de distintos alcances, amplitudes cronológicas e capacidades de produzir efeitos (Foucault, 2006b: 5). Em consonância com essa diretriz, e tendo em vista diferentes defesas acerca do "proceder", deixei de indagar por relações de sentido e de significado, para privilegiar relações de poder; lutas e enfrentamentos exercitados através de economias de discursos de verdade que funcionam no próprio poder, a partir e através dele. Com isso eu não queria destituir o sentido, a inteligibilidade da realidade, mas buscá-lo nas próprias lutas; na produção, na acumulação, na circulação e no funcionamento do poder (Foucault, 1999 e 2006b). Em suma, passei a tentar compreender as relações entre esse complexo conjunto de regras e condutas – específico, localizado e variável – denominado "proceder", os efeitos de verdade disparados pelas formulações de meus interlocutores e os mecanismos de poder que os atravessavam.

Embalado por um projeto tão carregado de *nortes*, inevitavelmente uma questão se abriu em meu horizonte: que tipo de poder é esse que atravessa os corpos no interior dos cárceres paulistas por meio de dispositivos específicos e que é capaz de produzir uma divisão populacional intrinsecamente ligada a uma divisão espacial? Foi justamente essa pergunta que apresentei como problemática central do meu projeto de mestrado. O *poder* ultrapassava meus dados empíricos, portanto era posicionado na problemática central, com a expectativa de que, mais tarde, eu pudesse sustentá-lo com dados empíricos!

A título de hipótese, eu ainda propus que tal poder, em seu exercício, produz a *associação* dos presos que "têm proceder" a partir de discursos de verdade estabelecidos segundo regras do "proceder" e que disso deriva o "convívio" como o espaço dos associados. Consequentemente, pelo próprio efeito contrário do exercício de associar, produz *dissociações* para exilar ("mandar para o seguro") ou matar aqueles que não conseguem se esquivar das acusações de "não ter proceder". Avançando ainda mais em minha hipótese, ressaltei, como regras do "proceder", as condutas para o estabelecimento do que é "ter proceder" e do que é "não ter proceder"; quanto aos mecanismos de poder, sugeri abordar os múltiplos dispositivos através dos quais o poder *associativo / dissociativo* (puramente relação, fluxo) incide sobre os corpos (a separação espacial "convívio" / "seguro"; os rituais de resolução de litígios entre presos, chamados de "debates"; algumas diretrizes políticas dos "comandos"); enfim, como discursos de verdade apontei possibilidades discursivas produzidas nessas relações de forças ("eu tenho proceder", "pilantra tem que morrer", "o proceder é a voz maior", "é o lado certo da vida errada", "é o certo pelo certo").

Apesar de não possuir, na ocasião em que propus o projeto de mestrado, dados empíricos suficientes para elaborar um conceito de poder cuja natureza fosse a produção de *associações* e de *dissociações*, eu já asseverava que eles eram suficientes, ao menos, para não replicar a noção de poder disciplinar de Foucault (2004) sobre as relações sociais de meus interlocutores. Argumentei que a utilização dessa noção para explicar acontecimentos específicos, intimamente relacionados ao universo empírico por mim delimitado, configuraria aquilo que há de mais anti-foucaultiano. Além disso, seria ignorar a própria gênese de sua construção e sua íntima relação com acontecimentos regionais específicos; seria conceder-lhe um caráter universal, quiçá um estatuto de metáfora holística. Eu até cedia em falar sobre uma disciplinarização dos corpos submetidos ao regime do "proceder". Não obstante, definia terminantemente: a noção de poder disciplinar não parece dar conta das especificidades das relações que atravessam o "proceder".

Em minha busca para compreender as características definidoras de um poder singular, refletindo se ele poderia realmente ser designado por *associativo / dissociativo*, cheguei à outra hipótese, segundo a qual os dispositivos que o põe em exercício devem ser pensados como uma rede produtiva que atravessa o corpo social e constitui *homens de proceder* e *homens de seguro*. Era a dimensão constituinte desse poder singular que eu já entrevia, podendo afirmar que o que faz de um corpo, gestos, discursos e desejos uma constituição identificadora de um indivíduo é precisamente um de seus efeitos primeiros (Foucault, 2006b e 1999: 35; Machado, 2006: XIX-XX). Tinha à minha frente, já, um poder capaz de produzir vidas "bandidas" associadas em torno de discursos de verdade, mas, também, capaz de produzir vidas exiladas, medrosas, além de modos específicos de morrer. Afirmava que tanto os presos associados no "convívio" quanto os presos exilados no "seguro", são todos corpos periféricos e múltiplos constituídos pelos efeitos desse poder *associativo / dissociativo*. Segundo entrevia, os primeiros, por terem obtido a glória ao serem incitados a falar pelo "proceder", tornaram-se *homens de proceder*. Os outros, por terem sido maculados ao terem suas ações, opiniões ou condutas condenadas pelo "proceder", tornaram-se *homens de seguro*.

Persegui os *nortes* estabelecidos em meu projeto de mestrado durante o primeiro ano de pesquisa. Tantos esforços para emparelhar meus dados etnográficos à compreensão que eu tinha da obra de Michel Foucault, faziam-me interromper demasiadamente as descrições de meus interlocutores. E isso ficava patente nos trabalhos que eu realizava para as disciplinas cursadas, bem como nos *papers* apresentados em algumas ocasiões. Por outro lado, não me parecia realizável uma proposta antropológica estritamente nativa: não era o caso de tentar refundar uma *tabula rasa* para dar continuidade à minha pesquisa. Além do mais, o problema não era exatamente a teoria de Foucault. O problema era encontrar um termo proficiente para o uso da teoria. Quem me dera se eu pudesse ter a força para bancar o "delírio de presunção" desse autor:

> (...) em geral, ou se tem um método sólido para um objeto que não se conhece, ou o objeto pre-existe, sabe-se que ele está ali, mas se considera que ele não foi analisado como devia, e se fabrica um método para analisar este objeto pre-existente já conhecido. Estas são as duas únicas maneiras convenientes de se conduzir. Quanto a mim, eu me conduzo de maneira totalmente insensata e pretensiosa, sob aparente modéstia, mas é pretensão, presunção, delírio de presunção, quase no sentido hegeliano, querer falar de um objeto desconhecido com um método não definido. Então, visto a carapuça, sou assim (Foucault, 2006c: 229-230).

Mas não estava (nem estou) em condições de me conduzir de uma maneira tão insensata e pretensiosa. Decidi, então, tomar uma decisão ousada, talvez displicente, no momento de sistematizar meus dados. Mesmo guardando como inspiração os estudos teóricos que eu havia realizado, passei a refrear meu ímpeto de lançá-los a cada parágrafo escrito, de buscar trechos de páginas que pudessem comprovar que eu estava no caminho certo, de fixar a adequação dos passos de meus interlocutores em veredas trilhadas por outros homens. Talvez isso seja uma fraqueza, uma dificuldade para encontrar outra relação mais produtiva entre teoria e dado. Entendo, no entanto, que se trata de uma tentativa de renunciar a recursos explicativos que, quase sempre, livravam-me de descrever as observações de meus interlocutores. Uma simples prudência: no momento em que eu me encontrava a sistematizar um dado que fora produzido, refletido, pensado a partir de um recurso teórico, esforçava-me para deslocá-lo minimamente dessa pré-formatação, intensificando os próprios termos colocados pelos meus interlocutores.

Não estou certo de que essa simples prudência possui o mesmo sentido da sugestão que Bruno Latour dá a seu aluno, acerca da produtividade que há na abstenção de toda e qualquer moldura e dos benefícios que podem ser obtidos com o empenho na descrição do "estado dos fatos que estão à mão" (Latour, 2007: 341). O "estado dos fatos" que coloquei em minha própria mão, já era um "estado" foucaultiano! Meus esforços – repito – visaram tão somente promover pequenos deslocamentos desses "fatos" no momento de sua sistematização, em relação às pré-formatações que eu havia sedimentado. De qualquer forma, em minha descrição subjaz uma explicação.[14]

Essa marca subjacente é muito forte. Pode até ser chamada de *viés*, que está diretamente ligado às minhas leituras, à minha inserção acadêmica, enfim, à minha proximidade com pesquisadores que compartilham um certo número de pressuposições. Há quantidades não desprezáveis de informação sobre meus interlocutores nesse *viés*! Desse modo, não espero que minha atitude displicente com relação aos recursos teóricos que carrego seja compreendida como uma tentativa de

---

14 Latour chega a afirmar que uma descrição que precisa de uma explicação não é uma boa descrição (Latour, 2007: 344).

encontrar a "verdade do nativo". Mas, simplesmente – volto a frisar – como uma tentativa de intensificar os próprios termos colocados pelos meus interlocutores. Nisso consiste meu *experimento antropológico*.

Explicito-o, assim, tão claramente, para expor sua natureza *fictícia* aos leitores.[15] Para que seja compreendido próximo de "uma espécie de ficção conveniente ou controlada" (Strathern, 2007: 31). De certo modo, nos termos de Bohannan, *forjei* um encontro entre o meu "sistema folk" – minha compreensão da obra de Foucault – e os "sistemas folk" dos meus nativos (Bohannan, 1973). Esse procedimento,

---

15 Acerca de um impactante enunciado de Foucault – "Nunca escrevi senão ficções..." –, Deleuze escreveu: "Mas nunca a ficção produziu, tanto, verdade e realidade" (2005: 128). Entre esses dois enunciados, que aparentemente poderiam levar-nos a imaginar uma relação de correção estabelecida pelo segundo sobre o primeiro, há apenas concordância. E tal afirmação pode ser confirmada se repararmos que a noção de ficção – aterrorizante para a Antropologia de outrora e que ainda, penso, reverbera seus temores nos dias atuais – não oferece qualquer problema para estes dois autores. O primeiro sempre esteve preocupado com o plano dos acontecimentos (Foucault, 2006b: 5), não como um historiador propriamente, mas através de pesquisa histórica. No entanto, não se incomoda em afirmar que fez ficção, "soube inventar, sintonizando com as novas concepções dos historiadores, uma maneira precisamente filosófica de interrogar, maneira nova e que dá nova vida à História (Deleuze, 2005: 58-59; grifo meu). O segundo – e aqui me deterei apenas ao comentador de Foucault –, também preocupado com o plano dos acontecimentos (Deleuze & Guattari, 2005), para dizer que a obra que comenta produziu "verdade e realidade" não precisa retirar dela o predicado ficção (além disso age como um autêntico antropólogo, já que leva a sério o que é dito!).

digo, *forjamento*, perpassou os três capítulos deste livro, ainda que com diferentes intensidades.

No primeiro capítulo, apresento quatro diferentes compreensões sobre o "proceder" e a divisão espacial "convívio"--"seguro", defendidas por meus interlocutores: 1) ex-presidiários que viveram experiências prisionais até a primeira metade da década de 90 mais ou menos, portanto antes do surgimento ou da consolidação dos "comandos" nas unidades prisionais do estado de São Paulo; 2) ex-presidiários que viveram experiências em unidades prisionais "do PCC"; 3) (ex-) presos que viveram, ou vivem, em cadeias "do CRBC"; e 4) presos que, após terem sido "mandados para o seguro" em "cadeias do PCC", passaram a viver nas margens de "cadeias do CRBC" – dentre os quais, alguns passaram a garantir suas vidas através de idas e vindas entre "seguros de cadeias do PCC" e "seguros de cadeias do CRBC". Esses entendimentos se tratam de quatro diferentes modos de reagir à pergunta "o que é o certo?", de defender que somente seu agrupamento consegue estabelecer as correlações "ter proceder"--"convívio" e "não ter proceder"-"seguro", enfim, de asseverar a impertinência das correlações operadas nos territórios "inimigos". Em suma, efetuam jogos de conexão e de desconexão entre os termos do "proceder" e os termos da divisão espacial "convívio"-"seguro".

A inspiração de fundo para a construção desse capítulo repousa no processo de elaboração da noção de *saber* de Foucault: seus constantes esforços para diferenciar as estratificações *não discursivas* – uma definição ainda negativa – das estratificações *discursivas*, ao longo de *As palavras e as coisas* (2007) e principalmente de *A arqueologia do Saber* (1995), bem como sua definição positiva da diferença entre direito penal (enunciado) e prisão (visibilidade), fixada em *Vigiar e punir* (2004). Também me inspirei na interpretação singular de Deleuze em seu livro-homenagem a Foucault (2005).

No capítulo dois busquei desdobrar e deslindar (no sentido de averiguar as demarcações) uma instância de experiências dos presos que, embora adjacente aos jogos conectivos-desconectivos que dão consistência à estratificação "proceder"/ "convívio"- -"seguro", não se confunde com eles. Pode-se dizer que se tratam de dimensões inseparavelmente arranjadas, embora sejam diferenciáveis. Essa instância, em relação diferencial aos jogos de conexão e de desconexão, singulariza-se por ser preenchida por jogos de força, por ser uma dimensão de estratégias e não de constituição de "verdades". Busquei mostrar que os presos, nela, são levados a prestar atenção a eles próprios, a "se conhecer", a "se blindar", a reconhecer o tamanho de seu poderio de defesa, de ataque, a se assumirem, afinal, como "caras humildes" e "caras cabulosos", constituindo de si para consigo um portentoso maquinário de relações, do qual deriva uma espécie de descoberta acerca da verdade de seu próprio ser: "sou ladrão".

A inspiração basilar para a construção desse capítulo se encontra na produção da noção de *subjetivação* que Foucault empreendera em *O uso dos prazeres* (2005a), em *O cuidado de si* (2005b) e no curso *Hermenêutica do sujeito* (2006a).

Finalmente, no terceiro capítulo, mapeei uma noção de "crime" amplamente utilizada por meus interlocutores, desdobrando três características presentes em seus relatos: é 1) um "movimento" que vem atravessando territórios; 2) desde um instante não definido; 3) efetuando considerações sobre as "caminhadas" de "ladrões" e de outros, a partir dos entendimentos sobre o "proceder" e sobre a divisão "convívio"-"seguro", sendo que, disso, derivam conjuntos de "aliados" e de "inimigos". Destaquei, também, três sinais da imponderabilidade de seu "movimento": 1) os verbos que designam as *mil ações* que dão consistência ao "crime", encontram em *de repente* seu mais íntimo advérbio; 2) cada uma dessas *ações* é imprescindível para a efetuação do "crime" – ele se expande nos seus rastros –, porém somente na medida de sua não suficiência, pois o devir dessa *força* não está contido em uma *ação*; 3) de cada efetuação do "crime" constitui--se uma *nova* disposição posicional de "aliados" e de "inimigos".

É imperioso dizer que a noção de *poder*, desenvolvida em *Vigiar e punir* por Foucault, foi inspiração importante para a produção dessa última seção.

Interlocutores

Presidiários, ex-presidiários e seus familiares: esses são os três principais grupos em que se inserem os interlocutores desta pesquisa. Ao iniciá-la, eu já havia estabelecido uma razoável rede de interlocução, que se expandiu mais ainda. Apesar de ter perdido alguns contatos que fizera na Fundação de Amparo ao Trabalhador Preso (FUNAP), mantinha conversas com ex-presidiários e familiares que conheço de longa data, moradores do meu bairro e de bairros vizinhos. Mantive, também, conversas com ex-presos que eu havia conhecido em uma clínica voltada para a recuperação de dependentes químicos. A partir desses contatos, conheci amigos e parentes que também haviam sido presos, tomei café na casa de interlocutores que até então eu não conhecia, travei longas conversas num bar localizado no centro de Diadema (SP), passei tardes regadas de *rap* na Cohab Teotônio Vilela (zona leste da capital), frequentei o comércio de um homem que havia se defendido em um "debate", conheci um ex-presidiário – morador do bairro do Limão (zona norte da capital) – nesse mesmo comércio. Até um jogo televisionado assisti num boteco localizado na viela Florestan Fernandes, no Jardim Promissão, em Diadema!

Outra importante ocasião em que pude travar conversas com interlocutores se deu durante uma viagem para Brasília, entre os dias 27 e 29 de novembro de 2007. Junto à pesquisadora e amiga Karina Biondi, acompanhei ex-presidiários, familiares de presos e de ex-presidiários e membros de ong's em uma manifestação de protestos contra a opressão carcerária. Durante a maior parte do trajeto estive com ex-presidiários em seus próprios carros. Ao longo de uma ou duas centenas de quilômetros, mais ou menos, estive com familiares em ônibus.

Em três oportunidades, durante os dias 19 de junho, 26 de outubro e 26 de novembro de 2007, estive na Penitenciária José Parada Neto (Guarulhos – SP), conversando com presos e funcionários – agentes prisionais e diretores de áreas. Essa inserção, na verdade, iniciou-se durante minha graduação, quando adentrei nessa unidade prisional pela primeira vez. É indispensável notar que encontrei ótimas condições para conversar com os prisioneiros que me foram apresentados. Quero dizer: pude dialogar com eles em sala reservada, longe dos funcionários. Entretanto, esses presos eram escolhidos pelo funcionário que me recebia na instituição! O mesmo controle não foi efetuado durante as caminhadas que fiz na "radial" daquela prisão, espaço em que pude me dirigir livremente aos presos que passavam.

Tomei como dados de pesquisa, também, biografias escritas por ex-presidiários. Do mesmo modo procedi em relação às letras de *rap* que selecionei, cujos letristas, seja por estarem presos ou por já terem sido presidiários, seja por transitarem colateralmente sobre as redes da "experiência prisional", proferem relatos e formulações que me interessaram.[16]

Enfim, devo dizer que procurei ao máximo evitar uma relação de *investigação* com meus interlocutores. Jamais quis saber – nem soube – daquilo que estava em vias de acontecer. Falamos sobre acontecimentos que não eram passíveis de punição legal, ou que já haviam sido "pagos à Justiça". Além do mais, para evitar possíveis complicações a eles, e a mim, segui a mesma diretriz estabelecida em minha Iniciação Científica:

---

16 Wacquant foi bem sensível ao perceber que "(...) a simbiose estrutural e funcional entre o gueto e a prisão encontra uma expressão cultural surpreendente nos textos e no modo de vida exibidos por músicos de *gangster rap*, como atesta o destino trágico do cantor-compositor Tupac Shakur" (2001: 98). O mesmo atestado, em versão brasileira, encontra no destino trágico do cantor-compositor Sabotage a mais terrível atualização. É justamente esse *rapper* quem oferece a chave conectiva para a aliança entre o *rap* e o "crime": "(...) A humildade é quem conduz pra que o rap reproduz o crime" (Sabotage, 2001b). O princípio – no sentido químico – dessa aliança é aquilo que meus interlocutores designam de "humildade"; adiante, o sentido dessa noção será esclarecido. Na mesma música, o *rapper* afirma estar alinhado àqueles que não são "creme" – "(...) Quem não é creme eu faço parte também" –, ou seja, que não constituem o falso "crime", ou ainda, que não são "comédias". Por fim, deixo que um outro *rapper* estabeleça, em forma de *rap*, essa simbiose de que nos fala Wacquant: "(...) Rap é o som/ É a linguagem da rua e da prisão" (Sandrão *et al*, 2001).

comprometi-me a abstrair os nomes e os lugares dos relatos que me eram contados (Marques, 2006).[17]

E se com alguns não foi possível mais do que poucas palavras, pois não estavam interessados em conversar comigo, de outros me tornei colega. Amigo de alguns. Admirador também. Conduzimos nossas conversas de modo espontâneo, falando sobre futebol, baralho, dominó... e sobre o "crime". Evitei, ao máximo, a deselegância das anotações nos instantes das conversas. Deixei-as para depois. Somente saquei meu caderno diante deles nas ocasiões em que não contive minha empolgação: "Putz! Preciso anotar isso!".

---

17 Barbosa também tomou essa mesma precaução em sua pesquisa sobre o tráfico de drogas no Rio de Janeiro: "(...) NENHUMA MENÇÃO A DATAS, LOCAIS, ou NOMES. (As referências explícitas neste trabalho foram retiradas dos jornais)" (Barbosa, 1998: 16; as ênfases em maiúsculo estão no original). Marques & Villela enfrentaram questões similares e definiram bem esse estado de coisas: "Assim, ao lado das observâncias da ética, a decisão entre o que publicar ou calar pode ter a ver com o reconhecimento de relações de poder envolvidas, na relação entre nativo e antropólogo, mas também dos nativos entre si, na generalidade dos trabalhos da disciplina. Poder ou autoridade não se concentram em apenas um lado da balança, presumivelmente mesmo nas pesquisas que envolvem grupos alijados do mando econômico ou político" (Marques & Villela, 2005: 56).

GENEALOGIAS: O "PROCEDER" E A DIVISÃO ESPACIAL "CONVÍVIO"-"SEGURO"

Há "proceder", há divisão espacial "convívio"-"seguro"...

Há algo para o qual se dá o nome de "proceder". Algo que orienta partes significativas de experiências cotidianas. Melhor dizendo, algumas junções singulares de regras e de instruções sobre condutas, em contínua transformação, verificadas em diferentes redes sociais, recebem o nome de "proceder". Escuta-se essa palavra "(...) nas ruas, nos campos de futebol de várzea, nas arquibancadas dos estádios de futebol, em escolas, nos salões (danceterias), nas pistas de skate, nas lotações e ônibus que cortam a cidade etc."; canta-se essa palavra "(...) nas letras de rappers, funkeiros e funkeiras [da cidade de São Paulo,] do interior paulista, Baixada Santista, Rio de Janeiro, Brasília etc."; conhece-se essa palavra desde os extremos ("fundão") da capital paulista até a "(...) Escola de Sociologia e Política de São Paulo" (Marques: 2006, p. 14). Em seu estudo sobre os "pixadores em São Paulo", Alexandre Pereira apontou para as especificidades do "proceder dos pixadores", percebendo-o inserido "no repertório mais amplo de certos grupos ligados à periferia": movimento *Hip Hop*, torcidas organizadas, baloeiros, skatistas (Pereira, 2005: 96-97).[1] Por sua vez, Daniel Hirata apontou o "procedê" – com esta grafia – como o pilar mais importante do código de honra baseado nos princípios da Lealdade, Humildade e Procedimento (LHP), em seu estudo sobre o futebol de várzea.[2] Assinalou sua

---

1 Pereira fornece uma valiosa definição dessa noção: "(...) um conjunto muito particular de regras de comportamento comum a determinados grupos na cidade, que não só regula as relações entre os indivíduos como também exprime o seu pertencimento. Esta ideia de *proceder* utilizada pelos pixadores também engloba outros dois elementos, já citados anteriormente: a humildade e a lealdade. (...) estes dois elementos garantem o funcionamento da rede de reciprocidade e asseguram as alianças. Porém, a ideia de *proceder* é mais ampla e engloba outros elementos. Ela envolve um repertório próprio de modos de agir, de postura corporal, de fala, de gírias, de vestimenta e de outras referências comuns. Enfim, o *proceder* envolve um conhecimento específico, um capital simbólico peculiar a estes jovens e que inclusive extrapola os limites da pixação. O *proceder* remete a dois significados: o de procedência (de origem, de proveniência) e o de procedimento (de modo de portar-se, enfim, de comportamento). Pode-se afirmar que estes dois sentidos da palavra *proceder* estão presentes no uso feito pelos pixadores. Portanto, a ideia de proceder – ou simplesmente *procedê*, como muitos costumam dizer – refere-se a normas de procedimento permeadas por noções de procedência social" (2005: 95).

2 Os usos de linguagem feitos pelos meus interlocutores são dados que merecem destaque. Por isso estabeleci certas estratégias de escrita para a composição desta dissertação de mestrado. Por exemplo, a palavra "ladrão" pouquíssimas vezes foi citada no plural, por isso decidi mantê-la desse modo nas frases de meus interlocutores ("os ladrão

extensão, enquanto gramática comum, à torcida de futebol Gaviões da Fiel, ao Primeiro Comando da Capital (PCC), às letras de grupos de rap, enfim, aos "(...) perueiros, fiscais, ladrões, traficantes e mais todos os que transitam nessa zona de indiferenciação entre o legal e o ilegal" (Hirata, 2006, p. 273-278). Talvez seja o *rapper* Xis, oriundo da Cohab II de Itaquera, zona leste da capital paulista, quem nos dá a mais sinóptica declaração sobre a extensão desse código, através de sua música intitulada, sintomaticamente, *Procedê e tal*: "(...) Us mano lá da oeste o que eu desejo ver: paz entre us mano, só procedê/ Todo mundo lá na sul tem que entender: paz entre us mano, só procedê/ Toda zona norte vai compreender: paz entre us mano, só procedê" (Xis *et al*, 2001).

Atrelada a essas menções sobre a extensividade do "proceder" escancaram-se indicações acerca de sua importância, produtividade e gravidade – operam como recomendações para que ele não deixe de ser observado. O *rapper* Sabotage evidencia a relevância desse código em

---

tinha mais apetite"), mas não quando a utilizo no texto corrente (Os "ladrões" daquele coletivo político). O mesmo vale para "nóis" (nós), "cê" (você), "sumemu" (isso mesmo), "tendeu" (entendi), "exturqui" (extorque), "os polícia" e "os sujeito-homem" (utilizados sempre no singular) etc. Quanto às incidências das palavras "proceder", "procedê" e, até mesmo, "prosede" – conforme ilustra a foto inserida adiante – optei por manter a primeira ocorrência. Entendo que esses usos de linguagem compõem um estilo particular de fala que se tornou o *mais adequado* – portanto, preponderante – para determinadas circunstâncias: a expressão "se liga, fita de mil grau" prepondera sobre a frase "atenção, acontecimento surpreendente" quando se fala a partir de cadeias, do *rap*, do *funk* etc. Enfim, esses usos só podem ser classificados como *errados* se tomarmos como referente a constituição gramatical oficial; em si mesmo, nenhum uso de linguagem é *errado*.

várias de suas músicas. No refrão de *Na zona sul* – referência à região em que se localiza seu bairro, Favela do Canão (Brooklin) –, após caracterizar essa região como um lugar cujo cotidiano é adverso, ordena aos ouvintes que mantenham o "proceder" e, enfim, anuncia aquilo que acontece àqueles que não o "contêm":[3] "Na zona sul, cotidiano difícil/ Mantenha o procedê/ Quem não contém ta fudido" (2001b). Em outra música, o "proceder" é anunciado como acesso à vitória e ao crescimento, mas também como recurso para se tornar prevalecente em meio às adversidades das ruas: "(...) A lei das ruas é rude, faz você aprender/ Procedê pra vencer, pra crescer, prevalecer" (Sabotage *et al*, 2005). Pelas mesmas ruas "rudes" ecoam avisos que, digamos, recomendam uma certa atenção: "(...) Se liga no seu procedê, procedê, procedê/ Se liga no seu procedê, procedê, procedê" (Xis *et al*, 2001). Enfim, esses avisos devem ser entendidos como advertências para que se evite a consequência inevitável que recai sobre aqueles que ignoram o "proceder" nas ruas "rudes" de São Paulo: "Assim que é, sem procedê não para em pé" (Sandrão *et al*, 1999).

---

3   Pouco importa se por "contêm" o *rapper* se remete a um conteúdo ou à ação de refrear algo. Se for o primeiro caso, fala-nos da consequência que sofrem aqueles que não possuem (contêm) o "proceder" – logo ficará claro esse uso do "proceder" enquanto atributo. Se for o último caso, fala-nos da consequência que sofrem aqueles que não refreiam (contêm) as adversidades características da zona sul paulistana.

Foto de Karina Biondi[4]

Por certo, essas recorrências à palavra "proceder" não se conectam a um objeto homogêneo. Melhor pensar que entre esses tantos pontos de aparecimento há relações de sobreposição, de continuidade, de congruência e de repetição, bem como de apartação, de descontinuidade, de fechamento e de diferença. Algumas regras e algumas instruções sobre condutas se alteram profundamente ao transladarem de um ponto ao outro, ou realizam duradoura rotação em torno de apenas um dos eixos, ou ainda aparecem praticamente inalteradas em diferentes conjunturas. São *mil* territórios conectados ao mesmo nome.

Este estudo parte de uma das intersecções desse imenso diagrama. Tem seu início em uma encruzilhada singular, o "sistema" (prisional paulista), onde vivem "homens" que se

---

4 Biondi presenteou-me com essa foto. Sabendo de meu interesse pelo "proceder", ela gentilmente fotografou esse "grafite" ao passar por uma favela da zona sul de São Paulo. O "grafite" ilustra um homem morto, conjugado à inscrição "sem prosede não para em impé" (sem proceder não para em pé).

orientam por *um* "proceder" especificado de um modo bastante particular. Ora é definido, simplesmente, como "regras" (Mendes, 2001: 62), ora como "um código de honra" (Jocenir, 2001: 21), ora como "princípios de honra" (Rodrigues, 2002: 18), ora como "normas de conduta dos detentos" (Jocenir, 2001: 85). Em seu impactante *Memórias de um sobrevivente*, narrando o momento exatamente posterior à sua transferência do Recolhimento Provisório de Menores (RPM) para o Instituto de Menores de Mogi-Mirim, quando ainda contava com 15 anos (mais ou menos), por volta de 1968, Mendes afirma: "Ali havia, já de modo dominante, o famoso proceder. Conjunto de normas que eram mais fortes que as leis oficiais do Instituto e que nos governavam, implacavelmente" (Mendes, 2001: 159-160). Algo parecido foi dito por meu interlocutor mais velho a respeito da extinta Casa de Detenção de São Paulo – doravante Carandiru –, onde cumpriu a maior parte de seus 17 anos de pena de privação de liberdade (de 1976 a 1992): "quando cheguei o crime já era o crime; tinha que ter proceder".[5]

Pelo que pude constatar, não é usual entre os presos tomar a palavra *proceder* para indicar uma ação.[6] Utilizam-na,

---

5   Entre alguns autores que também apresentam constatações sobre regras e condutas que balizam a experiência de prisioneiros estão: Ramalho (1979), Sá (1996), Dias (2005a e 2005b), Bicca (2005), Biondi (2006a e 2006b) e Braga (2008).

6   Quando ocorre, quase sempre funciona como sinônimo de um *agir a partir de uma recomendação*, não simplesmente como um *agir*. Vejamos um exemplo. A propósito de seu ingresso na cela 6 da cadeia pública de Barueri, Jocenir nos relata as instruções que recebeu de outro preso: "Terminadas as apresentações, Nego Nardo, como era chamado, veio conversar comigo. Sabia pelo carcereiro que eu era preso de primeira viagem. Me esclareceu como funcionava tudo, quais eram as regras, a limpeza, a

antes, como um atributo do sujeito, ou, ainda, como um substantivo. No primeiro caso se diz que um sujeito "tem proceder" ou que "não tem proceder". No segundo caso se diz "o proceder". Ao atribuírem ou não o "proceder" a um sujeito, as considerações dos prisioneiros referem-se à sua disposição quanto a um "respeito" específico (o modo de se pedir licença para ficar em uma determinada cela,[7] o modo de se despedir no dia da concessão de liberdade,[8] o modo de se portar durante os dias de visita,[9] o modo de utiliza-

---

alimentação, a higiene, como proceder nos dias de visitas, como proceder em relação aos carcereiros e policiais etc" (Jocenir, 2001: 41-42).

7   A "(...) lei da cadeia, quando se entra em uma cela, é: em primeiro lugar, tirar os sapatos, vestir sandálias havaianas e tomar um banho. Eu ainda estava com os pulsos intensamente doloridos das algemas quando terminei esse ritual, com sabonete e toalhas cedidos pelos novos companheiros" (Rodrigues, 2002: 17). Jocenir completa: "(...) ao chegar, todo preso tinha de tomar uma ducha e trocar de roupas" (Jocenir, 2001: 41-42).

8   "(...) é da tradição dos presídios doar todos os objetos de uso pessoal para aqueles que ficam, um preso quando ganha as ruas normalmente leva só a roupa do corpo e as correspondências acumuladas em sua passagem" (Jocenir, 2001: 167).

9   "Às terças-feiras, véspera das visitas, acontece a faxina nas celas, que os presos fazem questão de realizar", para que "(...) possam receber com orgulho suas companheiras ou familiares. Lá eles têm sua relações íntimas. Os solteiros e os que não recebem visitas íntimas ficam nas galerias. Para conseguir privacidade, os beliches são tapados com lençóis e cobertores de todas as cores. A cela fica parecendo estar cheia de tendas árabes. (...) E tudo acontecia dentro do maior respeito. Infeliz daquele que tivesse a ousadia de se mostrar atrevido. O respeito à visita faz parte do código de honra do preso: a visita é a coisa mais sagrada" (Rodrigues, 2002: 23). "No código de honra dos presos, maltratar uma visita pode levar à morte" (Jocenir, 2001: 96). Na música *Vida Loka* (*Parte 1*), Abraão,

ção do banheiro,[10] a higiene da cela,[11] a higiene pessoal,[12] a escolha de vestimentas[13] etc.), quanto a uma "conduta" específica (na vida pregressa à prisão,[14] nos esportes,[15] em relação à religião,[16] no cumprimento de acordos estabe-

---

presidiário, através de conversa telefônica com seu amigo Mano Brown – rapper do grupo Racionais Mc's –, profere a frase "visita aqui é sagrada (...)" (Mano Brown *et al*, 2002).

10   "Para usar o "boi" (latrina) fazia-se uma tira retorcida de papel higiênico acesa na ponta, para tentar disfarçar o mau-cheiro" (Rodrigues, 2002: 22).

11   "O preso é muito consciente da necessidade de cuidar da higiene e da limpeza, pois em uma cela com cinqüenta pessoas isso é fundamental" (Rodrigues, 2002: 22).

12   "O banho é diário e obrigatório, cobrado pelos próprios presos" (Rodrigues, 2002: 22).

13   É vedado o uso de camisetas regatas, por exemplo, durante os dias de visita. Ao contrário do que nos deixa entender o premiado filme *Carandiru*, de Hector Babenco.

14   "É normal quando chega um novo preso que os companheiros de cela queiram saber quem é, como foi sua prisão e o que ele fez (se fez)" (Rodrigues, 2002: 20).

15   "Diferente do que ocorre nos campos de futebol espalhados pelo país, em jogos na prisão não há ofensas e nem palavrões. Uma simples palavra de baixo calão suja uma honra, que invariavelmente se lava com sangue" (Jocenir, 2001: 22-23). Ou ainda: "Em jogos entre times na detenção não existem palavrões nem ofensas. Tudo transcorre no maior respeito e harmonia, assim evitam-se problemas e brigas sérias. A honra de um preso vale muito" (Jocenir, 2001: 109).

16   A opção pela transferência para uma "cela de evangélicos" – o que nem sempre se correlaciona a uma opção pela "vida religiosa" – não é feita sem que haja questionamentos por parte dos demais presos. Isso porque tal cela é vista sob dois prismas: lugar daqueles que se "converteram verdadeiramente" e lugar daqueles que "se escondem atrás da Bíblia". Dias (2005a e 2005b) sublinhou fortemente esse último modo de olhar para

lecidos etc.) e, enfim, quanto a uma "atitude" específica (para resoluções de litígios[17] e para negociações com a administração prisional[18]).

O "proceder" enquanto substantivo, portanto, alcança essa complexa relação entre "respeito", "conduta" e "atitude". Já do "proceder" enquanto atributo, de modo

os "evangélicos", perdendo de vista o fato de que "alguns crentes são muito conceituados [prestigiados] no crime". Deste modo, pôde afirmar que o "evangélico" ocupa um lugar desacreditado no cárcere. Contudo, nem sempre a ele é atribuída a pecha de "ter quebrado as pernas do crime". Como dizem meus interlocutores, há presos que foram ladrões "conceituados" e que "saíram do crime" para "virar crente", sem que se pudesse levantar qualquer suspeita sobre eles. Outros, tentando se esquivar de "dívidas", de "brigas", de "inimigos", de "represálias", fingem uma "falsa conversão" e "correm para os evangélicos". Desses últimos, dizem que, mais cedo ou mais tarde, a "verdade aparece" (a "mixa cai"). Seja como for, aos presos da "cela dos evangélicos" é proibida a utilização de "contravenções" – como drogas, celulares, bebidas etc. Fala-se, comumente, de um "proceder para os evangélicos".

17   Em cada conjuntura específica estabelecem-se arranjos políticos próprios, como o modo pelo qual se deve "resolver as quiacas" (brigas) entre presos. Cada arranjo desses é definido como "ritmo" ou "política". Porém, independentemente de variações, segundo meus interlocutores, um preso não pode "correr" de litígios em que se envolve: "tem que resolver sempre". Outra censura, bastante comentada, é direcionada aos assassinatos "pelas costas". Para esse último ponto cf. Mendes (2001: 415-416).

18   Também dependem do "ritmo da cadeia". Em algumas conjunturas as negociações com a administração não passam pelos "líderes". Em outras se dá o contrário. Nesse caso, para ser mais preciso, se diz que os líderes fazem "a ponte" entre os presos e a administração, o que não significa exatamente mediação. Seja como for, estabelecer negociações em proveito próprio, prejudicando a "massa" – delatar algum projeto de fuga em troca de "regalias", por exemplo – é uma "atitude" tida como deplorável.

diverso, se refere a essa consonância de um sujeito com o "proceder"-substantivo. Um preso nessa condição é considerado "cara de proceder", "sujeito-homem", "ladrão" etc., possuindo, portanto, os requisitos para viver no espaço da prisão denominado "convívio". No mesmo sentido (enquanto atributo), mas tomando o exemplo contrário, o "proceder" é aquilo que falta ao sujeito que é exilado no espaço carcerário denominado "seguro" ou morto durante um "debate"[19] (Marques, 2006).

Correlacionada à *diferença* moral entre "ter proceder" e "não ter proceder" está, portanto, a *diferença* espacial entre "convívio" e "seguro". A palavra "seguro" é usada de três modos distintos pelos presos: para significar aqueles que pedem proteção para a administração prisional diante de ameaças de outros encarcerados, para significar a condição daqueles que pedem proteção e para significar o lugar onde ficam os presos protegidos. Única palavra, tripla significação: população, condição e lugar.

Portanto, "pedir seguro" é o mesmo que recorrer à proteção administrativa por estar correndo risco no local onde se cumpre pena. Consequentemente, passa-se a compor a população "seguro", passa-se a viver a condição "seguro" e, finalmente, passa-se a morar no espaço "seguro". Já o avesso do "seguro", aquilo que os presos entendem por "convívio", é justamente o local de cumprimento de pena onde permanecem aqueles que "mantêm o proceder". O "convívio" estende-se a todo perímetro de circulação permitida aos presos no interior

---

19 O "debate" é justamente a realização de uma discussão que pretende resolver um litígio entre presos.

das construções penais – celas, pátio, cozinha, escola, oficinas etc. –, desde que se subtraia dessa extensão as isoladas celas de "seguro". Em síntese, podemos exprimir a fórmula P – S = C, onde P são os espaços de circulação dos presos no interior da prisão, S é o "seguro" e C é o "convívio".

É importante ressaltar ainda, a respeito do "seguro", que esse espaço compõe-se de dois modos: 1) por presos que jamais puderam pisar no "convívio" porque já era sabido o motivo de suas prisões ou seus "históricos no crime": geralmente "os duque treze",[20] "os pé de pato" (justiceiros), aqueles que têm "inimigos" no "convívio" e querem evitar o confronto etc.; e 2) por presos que, ao quebrarem alguma regra do "proceder" enquanto habitam o "convívio", "pedem seguro" para evitar um confronto letal: "os talaricos",[21] "os

20 A gíria "duque treze" faz referência ao artigo 213 do Código Penal, que define o crime de estupro. A ojeriza aos estupradores está propalada por toda parte: "(...) respeito e dignidade são fundamentais para os detentos (...). Seja branco, negro ou pardo, velho ou moço, bom ou mau, ladrão ou assassino, não há preconceito algum. Exceto com os estupradores" (Rodrigues, 2002: 18); "(...) Homem é homem, mulher é mulher. Estuprador é diferente, né? Toma soco toda hora, ajoelha e beija os pés, e sangra até morrer na rua 10" (Jocenir & Mano Brown, 1998). É importante dizer que a possibilidade de "pedir seguro" antes de ser encaminhado ao "convívio", ou seja, quando é dado o início dos processos de inclusão, nem sempre chega a se efetuar. Ela pode ser impedida: "(...) me deparei com uma situação estranha no setor de trabalho ['Inclusão']. Percebi que às vezes companheiros que trabalhavam comigo levavam presos [estupradores] que acabavam de chegar a um determinado local e lá os agrediam sem piedade" (Jocenir, 2001: 86).

21 Aqueles que "dão em cima" da mulher de outro homem: "(...) mataram mais um no Pavilhão VII, com facadas na parte genital. Dizem que o infeliz havia desrespeitado a esposa de um companheiro no dia de visitas. O desrespeito à visita quase sempre é fatal" (Rodrigues, 2002: 85).

noias",[22] "os caguetas",[23] aqueles que "arrumam quiaca" (briga) e não estão dispostos a matar ou morrer etc. Em síntese, o preso de "seguro" pode ser compreendido como um *preso-preso* ou *preso²* (preso ao quadrado).

As efetivações dessas divisões correlatas – moral e espacial – dependem do "ritmo de cada cadeia". Por vezes, se dão

---

22 Comentando a situação de um companheiro viciado em crack, Rodrigues nos diz: "É um vício terrível. O pior é que ele já está devendo para os traficantes. Esse proceder aqui na cadeia acaba em morte" (2002: 53). Segundo Jocenir, "(...) [os viciados,] quando não conseguem pagar suas dívidas, sofrem humilhações, são transferidos para o pavilhão Cinco, chamado de Seguro, ou assassinados" (2001: 21).

23 Gíria derivada da palavra alcaguete. Goifman nos dá uma clara demonstração de como opera essa divisão populacional que segrega, entre outros, o "cagueta": "(...) Em uma primeira visita ao 50 Distrito Policial de Campinas, na qual conversamos com vários presos simultaneamente, o líder de cela apontou para um que estava no pátio, com o corpo todo cortado por gilete, afirmando: '... aquele ali é cagueta, caguetou na rua, não tem mole pra ele aqui não' (preso do 50 DP). A represália à 'caguetagem' passa a ser considerada normal e a violência plenamente justificada: 'Tinha safado, pilantra, que ninguém gosta de safado e pilantra que fica caguetando os irmão, então saía assim, vai morrer. E matava' (preso da PI)" (Goifman, 1999: 68). Mendes diz que "O caguete era escorraçado e evitado como tivesse doença contagiosa, quando não era morto". Ou ainda: "Um caguete é um ser desqualificado, geralmente é morto ou tratado como subumano" (Mendes, 2001: 62 e 376). O *rapper* Xis condensando a lei do silêncio em três sucintas regras, fala-nos da consequência a que estão sujeitos aqueles que as infringem e, enfim, relaciona essas infrações às dívidas "no procedê" – substantivo – e às não constatações do "procedê" alheio – atributo: "(...) Siga regra um: você viu tudo e não viu nada/ Siga regra dois: mantenha a boca bem fechada/ Ouça e seja surdo, essa é a terceira regra/ Quebre uma das três e dê adeus porque já era/ Se desacreditar é um abraço pra você/ Vai pagar a brecha se dever no procedê/ (...) Essa é a lei se não constar seu procedê (...)" (XIS *et al*, 2001). Rodrigues sintetiza: "O código de honra dos bandidos é assim: delatou, morre!" (2002: 200).

através de "quiacas" resolvidas entre os próprios litigantes, sem interferência de terceiros. Outras vezes, se dão através de "debates" instaurados para resolver litígios deflagrados, nos quais se decidem absolvições ou punições cabíveis para cada infração específica das regras do "proceder". Os "debates" muitas vezes envolvem uma "assembleia", sendo que os "faxinas", "cozinheiros" e o "patronato" – posições políticas cujo exercício já se fazia antes do estabelecimento das "facções" ao longo da década de 90[24] –, ou "pilotos" – posição política que surge com o estabelecimento das "facções"[25] –, devem ser consultados para tais decisões. Desse procedimento são imputadas punições que podem ser "intimadas" (desabono moral e/ ou físico público), "mandar para o seguro" ou até a morte.[26] Mas também pode ocorrer aquilo que meus interlocutores chamam de "botar uma pedra na fita", uma decisão que encerra a contenda sem prejuízo para as partes. É importante pontuar que nem sempre

---

24 Tratam-se de posições protuberantes nas relações entre presos e desses com a administração prisional. Há uma homonímia entre essas posições políticas e os cargos de faxineiro, cozinheiro e chefes de oficinas, disponibilizados pela administração prisional para a população prisional. É imprescindível notar que tais cargos possibilitam uma maior circulação no interior das construções prisionais, servindo, assim, como ocupações estratégicas para tal exercício político.

25 "Pilotos" também são saliências nas relações sociais dos prisioneiros. Contudo, nem sempre ocupam cargos disponibilizados pela administração prisional. Em outra ocasião problematizei os qualitativos *mando* e *chefia* comumente atribuídos a essas "lideranças" (Marques, 2010).

26 Dependendo da conjuntura política em vigor, essa última sentença não é incomum: "Vi muita coisa. Brigas, acertos de conta, cobranças, que geralmente acabavam em mortes. Era impressionante como se matava por tão pouco. É o código de honra traçado pelo crime" (Jocenir, 2001: 95).

os "debates" envolvem todo esse aparato consultivo e deliberativo. Pode ocorrer algo bem mais prosaico que isso.[27]

Algumas letras de *rap* ajudam a perceber a centralidade do "proceder" na experiência prisional e também o modo como se processam as correlações "ter proceder"-"convívio" e "não ter proceder"-"seguro". O grupo *509-E*, referência ao número da cela do Carandiru pela qual passaram seus dois *rappers*, fornece

---

27 Essa é uma ressalva feita por Biondi (em comunicação pessoal) acerca da noção de "debate" entre nossos interlocutores. Venho privilegiando em meus trabalhos os relatos sobre "debates" nos quais a amplitude dos litígios exige a participação de outros presos, que não o acusado e o acusador, para a emissão de veredictos sobre quem "tem proceder" e quem "não tem proceder". Portanto, venho sempre mencionando acontecimentos extraordinários, aquilo que não é cotidiano na experiência prisional. Biondi, por sua vez, verifica que a realização de "debate" é muito mais ordinária do que as minhas descrições deixam entrever. Não posso refutá-la, pois meus dados não me permitem. Apenas justificarei esta minha opção metodológica. Meus dados empíricos me levam a afirmar que a experiência prisional está norteada por aquilo que os presos chamam de "proceder", portanto, ela é parcialmente um continuum de "debates", nos quais a relação entre os debatedores culmina em concordância. E é esse sentido de relação que permite a manutenção daquilo que se tem por "proceder" e por "convívio". Mas não só, pois há, também, parcialmente, a emergência de "debates" nos quais a relação entre os debatedores é de desacordo. E é este sentido de relação que faz instaurar e reforçar aquilo que se tem por "seguro". Por tudo isso, penso que ao tratar dos enunciados do "proceder" estou tratando das relações de concordância entre os presos, e aí estão embutidos os mais variados "debates" de concordância que acontecem em cada suspiro da experiência prisional, no entanto, para tratar da quebra do "proceder" e, consequentemente, do "seguro", conto como recurso por excelência com esses "debates" de desacordo que mais parecem um exagero da noção de "debate". Mas não se tratam de exageros... Não se tratam de tipos ideais... São, antes, acontecimentos específicos e localizados, que, assim, não servem de metáfora dos "debates".

um poderoso exemplo: "(...) Aí! Ladrão! Aqui é a sua nova casa, morô?, eu mando e você obedece, se ver inimigo já avisa logo e vai pro cinco, certo? (...) Me jogar em um lugar qualquer/ Porém malandro é malandro e mané é mané/ (...)" (Dexter, 2000a).

Este trecho da música *Triagem*, editado em dois tempos, oferece-nos o instante em que um funcionário da administração prisional realiza a inclusão do preso recém chegado, instruindo-o a ir para o Pavilhão 5 ("seguro" do Carandiru), caso tenha algum inimigo no "convívio". Mas o narrador repudia essa possibilidade e afirma-se como "malandro" em oposição a "mané".[28]

Noutro trecho dessa mesma música o narrador fala sobre a necessidade de ser "ligeiro" e acreditar no "proceder" – explicita essa palavra como substantivo – para sobreviver na cadeia: "(...) É foda, tem que ser ligeiro pra não morrer/ Pode crer no proceder/ Vou sobreviver e você? (...)" (Dexter, 2000a).

O narrador, em outra música, explicita a sentença decidida contra um sujeito ("pilantra") que compõe as filas dos "caras sem proceder": "(...) Mais um pilantra foi sentenciado/ Sua pena: morrer esfaqueado/ (...)" (Dexter, 2000b). Outra canção conta sobre um estuprador ("213") que foi desmascarado ("a mixa caiu") em sua tentativa de sustentar uma falsa conversão religiosa, sentenciado a ser violentado sexualmente ("vai dar o 'ó'") e, em seguida, assassinado impetuosamente:

---

28 A chegada ao Carandiru era sempre marcada por uma palestra do diretor: "(...) nos colocaram diante de um velho de terno. O velho afirmou que era o diretor da casa. Perguntou se algum de nós tinha inimigos na prisão. Ninguém se manifestou. Começou então uma preleção" (Mendes, 2001: 265); "– Quem tiver inimigo fala logo, porque se chegar lá, vai acontecer, os caras matam mesmo" (Du Rap & Zeni, 2002: 45).

"Um cara queria se esconder atrás da bíblia/ A mentira não vira, não se cria[29]/ O crime é podre, mas não admite falhas/ Não somos fã de canalhas/ A mixa caiu, mó "B". O./ 213 (ih), vai dar o 'ó'/ Sem dó, vai morrer igual porco/ Ladrão na ira arranca o pescoço" (Afro-X, 2000).

O grupo *Trilha sonora do gueto*, através da música *3ª opção* – na qual o narrador, ex-presidiário, conta sobre o momento em que chegou à prisão –, também engrossa as enunciações acerca do "proceder": "(...) Os manos na ventana gritava: – Vai morrer/ triagem na cadeia se não tiver proceder (...)" (Cascão *et al*, 2004a). Aqueles que já ocupam o "convívio" e que, portanto, já provaram e continuam a provar que "têm proceder", ao observar o recém chegado através da janela de suas celas, gritam qual é a sentença para aquele que "não tem proceder": "vai morrer". Nos casos em que tal sentença futura – "vai morrer" – é lançada contra um recém chegado que realmente "não tem proceder", ela recai *quase* como uma força infalível. Espécie de morte (*quase*) *a priori* em relação à sua concretização. Pois, mesmo que um sujeito "sem proceder", ciente de que não pode pisar no "convívio", peça refúgio no

---

29 Entre meus interlocutores a manutenção de alguma mentira (fingir que foi preso por assalto sendo que na verdade foi por estupro, por exemplo), ou de alguma "mancada" (ter "caguetado" alguém na rua, antes de ser preso), é considerada bastante difícil. "Sempre tem um que viu o prontuário do cara" – disse-me um de meus interlocutores. "Os próprios carcereiros entregam o pilantra" – disse-me outro interlocutor. Além do mais, antes da existência dos celulares, os "pipas" (bilhetes ou cartas trocadas entre presos através dos serviços de correio, ou de presos transferidos, ou, ainda, de advogados) já cumpriam a função de alertar os demais presos sobre a falha ("brecha") de um "pilantra".

"seguro" ao passar pela "triagem",[30] não há qualquer garantia de que ele consiga se salvar do perigo iminente.

O problema é que o "seguro" não é tão seguro como sugere o nome. Via de regra, é o espaço daqueles que devem torcer para não ocorrer rebeliões durante suas estadias pela prisão, pois, se tal evento ocorrer, há uma grande probabilidade da população do "seguro" ser dizimada pela população do "convívio": "mano cumprindo pena, matando o seguro pra ter a transferência" (Eduardo *et al*, 2004).[31]

Essas letras de *rap*, entre tantas outras que seria pertinente mostrar, oferecem indicações de que o "proceder" e a divisão "convívio"-"seguro" são balizadores imprescindíveis para narrar e/ou descrever a experiência prisional. Foi por isso que quis mostrá-las, mobilizando-as, junto aos demais dados apresentados, para deixar patente a imprescindibilidade desses balizadores.

---

30 Em algumas unidades prisionais é no Regime de Cela Disciplinar (RCD) que permanecerá, num primeiro momento, os presos recém chegados. Ali, esses recém chegados passam pelo que se conhece como "prova" (condição daquele que deve convencer a administração prisional de que pode viver junto aos demais presos, no "convívio", ou, simplesmente, pedir proteção e abrigo no "seguro"). Caso o recém chegado seja considerado apto a ser transferido para o "convívio", deverá assinar um termo se responsabilizando pela própria decisão de viver junto aos demais presos.

31 Durante uma rebelião ocorrida na Cadeia Pública de Barueri, Jocenir diz-nos que alguns "presos procuravam tirar suas diferenças com seus inimigos, provocando violências físicas de toda ordem. Os gritos de socorro eram ensurdecedores. Alguns presos conseguiram abrir as portas da cela do Seguro, onde estavam os presos jurados de morte. Na seqüência, batiam e humilhavam cada um deles" (Jocenir, 2001: 70).

Há!... Mas somente nos *pontos de vista*

Contudo, esse modo de descrever a experiência prisional poderia levar a crer que o "proceder" e a espacialidade "convívio"-"seguro" estão objetivamente dados, como um *corpus* que se mostra irrestritamente, em todas as suas dimensões, a todos os olhos possíveis. Tratar-se-ia, então, de algo absolutamente objetivo. Isso porque, até aqui, descrevi-os a partir das disposições que são tidas como menos controversas entre os presos; tal procedimento, inclusive, serviu como recurso didático. Como resultado, quis mostrar que através das "quiacas" reservadas ou dos "debates" coletivos, processa-se uma divisão moral a partir da *dizibilidade* "proceder", que se opera justaposta a uma divisão espacial a partir da *visibilidade* "convívio"-"seguro". Um movimento sincronizado entre dois estratos, um *dizível* e outro *visível*, profundamente conectados pela experiência prisional – poder-se-ia dizer, quem sabe, que esse movimento funciona como uma espécie particular de filme, no qual a emissão de som e a projeção de imagem se dão simultaneamente.

Por decorrência direta das correlações que se formam entre "ter proceder"-"convívio" e entre "não ter proceder"--"seguro", daria-se uma nova divisão, não mais de estrato, mas dos pontos que existem sobre esses estratos, de modo que para um dos lados seriam atraídos aqueles que obtiveram a glória ao serem incitados a falar pelo "proceder", enquanto para o outro seriam repelidos aqueles que foram maculados ao terem suas ações, opiniões ou condutas condenadas em nome de um "proceder certo". Com efeito, os termos dessa divisão populacional seriam acrescentados às respectivas correlações: "ter proceder"-"convívio"-"caras de proceder" e "não ter proceder"-"seguro"-"caras sem proceder.

Foi isso que eu quis mostrar até aqui. Entretanto, não é assim que as coisas se passam!

Há apenas dois modos de assegurar tal descrição: ou assume-se um viés analítico que implica descortinar as aparências que obstruem a *Realidade* prisional – neste caso, pouco importa aquilo que é relativo a pontos de vista –; ou considera-se somente um ponto de vista acerca dessa experiência – então, corre-se o risco de ignorar que esse modo de ver radica-se de relações de força. Essas não foram as minhas opções, exatamente porque em minhas idas a campo procurei sempre atribuir *positividade* – ou se quiserem, *realidade* – ao que diziam meus interlocutores, em detrimento de alguma *Realidade* que eles não pudessem acessar, mas também porque aquilo que me diziam assolava qualquer possibilidade de reduzi-los a um único entendimento acerca de suas experiências, espécie de *consenso*. Tanto foi que, se eu me encontrava com um homem que dizia "ter proceder" e que negava tal atributo aos seus rivais, era infligido por espanto e perplexidade ao chegar nesses outros e não obter nem mesmo de um deles, de bom grado, que seu "respeito", sua "conduta" e sua "atitude" estavam em "desacordo com o proceder". Pelo contrário, afirmavam-se também como "caras de proceder" e praguejavam seus detratores chamando-os de "caras sem proceder". Estaria eu diante de uma contradição? Não! Antes, estava diante de uma *diferença*! Uma *diferença* entre pontos de vista!

Assim sendo, o "proceder" e a espacialidade "convívio"--"seguro" não serão mais verificados em lugar algum, senão nos *pontos de vista.* Sobre essa afirmação devo fazer duas breves observações. Primeiro, que essa inflexão analítica não significa um ponto final à objetividade, mas uma abertura à objetividade relativa – relativa aos pontos de vista; segundo, que a atenção doravante concedida às diferentes perspectivas de meus interlocutores passa ao largo de uma mera defesa à existência de *diversas* "verdades", em detrimento da existência de *uma*. Penso tratar-se de uma atenção cuidadosa ao modo como meus interlocutores se apresentam a mim: através de diferentes pontos de vista.

Cumpria perceber, portanto, durante as vezes em que me dirigi àqueles presos considerados "seguros" por outros, que as posições "ter proceder" / "não ter proceder" e "convívio" / "seguro" são relacionais, já que dependem de quem está afirmando que "tem proceder" e que está "no convívio" (*eu* ou *nós* relativos) e a quem se dirige a acusação de "não ter proceder" e de estar "no seguro" (*outro* relativo). Eu estava diante de pontos de vista que, digamos, invertiam simetricamente as colocações de seus rivais. Se o coletivo A dizia ter "proceder" e estar no "convívio" e classificava seus rivais – o coletivo "B" – como "caras sem proceder" que "estavam no seguro", o coletivo "B" dizia exatamente o contrário: que, "na verdade", quem tinha "proceder" eram eles e que no coletivo A havia um bando de "safados", "pilantras", "sem-vergonhas" – modos de detração que convergem com a negação do atributo "proceder". Com efeito, estivesse eu diante de presos do coletivo A, estivesse diante de presos do coletivo "B", as correlações "ter proceder"-"convívio" e "não ter proceder"-"seguro" eram mantidas, ainda que por argumentações contrárias.

Ocorre que, em minhas andanças, tive a oportunidade de encontrar alguns interlocutores que propuseram outro modo de compreender a experiência prisional. Não porque tivessem uma aptidão natural para tergiversar, ou uma visão mais límpida, mas porque ocupavam uma posição bastante incômoda em meio às forças das "facções do sistema". Haviam sido excluídos das unidades prisionais ocupadas por um determinado coletivo, ou seja, haviam sido "mandados para o seguro", e após obterem transferência para uma unidade ocupada por outro coletivo, viram-se novamente em risco: uns "viraram crentes",[32] outros passaram a trabalhar junto à administração prisional e a habitar uma "galeria de trabalho",[33] e, enfim, outros dois foram "mandados para o seguro" dessa unidade. Não formavam algo parecido com um agrupamento, além

---

32 Cf. nota de rodapé nº 16. Sublinho novamente: nem todos os presos que "viram crente" passam a ser "desconsiderados no crime". Há "crentes" considerados possuidores de uma "conduta irretocável de ladrão", e que, portanto, continuam a "ter o respeito do crime".

33 Na unidade prisional em questão, Penitenciária José Parada Neto, localizada em Guarulhos (SP), o "raio de trabalho" é o "raio 1", enquanto os "raios 2 e 3", conhecidos como "fundão", são destinados aos presos "problemáticos" – assim foram-me adjetivados por membros da administração prisional. No extinto Carandiru ocorria uma divisão homóloga: o Pavilhão 2 era qualificado como "de trabalho", ao passo que os Pavilhões 8 e 9 eram chamados de "fundão". Nos dois casos, os presos habitantes das "alas de trabalho" são vistos sobre um duplo prisma: sobre alguns recai uma enorme desconfiança, enquanto outros parecem ter o crédito dos demais por conta de tudo que já fizeram no "crime". Algumas vezes, assim como as "celas de evangélicos", os "raios de trabalho" parecem deslizar a um estado híbrido: não são tidos exatamente como um "convívio" e nem como um "seguro". Chega-se a considerá-los "semi-seguros".

disso, nem todos se conheciam. Sentiam, inclusive, suas situações incômodas a partir de posições diferentes dentro dos jogos de força de tal unidade prisional.

Os modos como esses interlocutores estavam dispostos em tal conjuntura tornava-lhes possível deflagrar uma verve política contra as colocações do antropólogo, fazendo-o perder o horizonte de trabalho que tinha se colocado: o que acontece se eu considerar que esses presos formulam vigorosamente uma teoria segundo a qual o "proceder" vigente está totalmente desvirtuado por conta das sobreposições políticas das "facções" que fazem com que nos "debates" se absolvam os "parceiros" e se punam os "inimigos", independentemente das disposições das provas? O que acontece se eu ouvir essas vozes que dizem que dos "debates" quase sempre decorrem "injustiças"? O que acontece se eu lhes der a devida atenção quando dizem que "passar pelo seguro, hoje, com todas as injustiças das facções, virou algo natural"? Enfim, o que acontece se eu meditar sobre suas palavras, quando afirmam que por toda parte do sistema prisional há "caras de proceder" no "seguro" e "pilantras" no "convívio"?

Diante de mim, agora, aparecia um modo diferente de compreender a experiência prisional. Sob esse novo ponto de vista não se formava um plano de relações sustentado por determinada conexão da *visibilidade* "convívio"-"seguro" à *dizibilidade* "proceder"; antes, de maneira radicalmente diferente, o que se tinha eram lutas entre diversos agrupamentos políticos acontecendo numa paisagem onde "ter proceder" e "ficar no convívio", bem como "não ter proceder" e "ser mandado para o seguro", são possibilidades que não têm qualquer ligação intrínseca, nem isomorfismos e nem mesmo homologias.

Assim, dessas posições aparentemente frágeis, advém uma estranha potencialidade, forte o bastante – ao menos para o antropólogo – para afirmar que não podemos tomar o *dizível* pelo *visível* e vice-versa. Mais que isso, meus interlocutores compreendiam o processo necessário para estabelecer tais ligações como "imposição pela força", no qual estava implicado o que chamam de "injustiça": a distribuição tendenciosa – sem critérios claros – de presos entre os "convívios" e "seguros" do "sistema prisional". Isso significa dizer que, deste ponto de vista, o "proceder" deixou de existir na experiência prisional – eles conferem uma positividade moral às relações entre presos que ocorriam antes do estabelecimento das "facções" –, e que portanto, não se tem mais um referente estabelecido a partir do qual poder-se-ia avaliar as condutas. Aliás, o que se sucedera, definitivamente, foi que se deixara de observar as condutas no "sistema prisional", passando-se a valorizar as adesões às "facções". Efetivamente, o plano de relações das "cadeias" paulistas não se sustentava mais no acoplamento "correto" do "proceder" à divisão espacial entre "convívio" e "seguro", mas nas políticas "impostas" pelas "facções".

A atenção contumaz que esse ponto de vista direcionava à diferença entre o "proceder" – "os cara pode fala que eu não tenho proceder, mas eu sei do meu"[34] – e a divisão

---

34 Essa afirmação foi-me dada por um preso algemado a outro – que aprovou a frase – no saguão de entrada de uma unidade prisional, quando aguardava os procedimentos penitenciários de segurança para ser transferido para o "seguro", donde havia saído semanas antes através de um "bonde" (transferência) para o "seguro de outra cadeia", da qual retornava naquele momento. Eram classificados pelos "carcereiros"

"convívio"-"seguro" – "tô aqui,[35] mas isso não diminui meu proceder" – foi decisiva para que eu decidisse voltar ao meu caderno de campo a fim de reler – e de rememorar – os procedimentos reflexivos de outros interlocutores acerca mesmo do que é o "proceder", do que é a espacialidade "convívio"--"seguro" e de como formulavam a conexão desses estratos.[36] Essa decisão redefiniu, também, o modo como passei a conduzir o recolhimento de dados durante as vezes que retornei

que me acompanhavam como "presos das inclusões da vida", ou seja, aqueles que "já não podem pisar no convívio de nenhuma cadeia, independentemente da facção que esteja no comando".

35   O interlocutor que proferiu essas palavras se referia à "igreja" – um espaço instalado no interior da prisão – onde estávamos sentados conversando, consequentemente referia-se à sua conversão religiosa e à sua residência "com os evangélicos". Disse-me, inclusive, que orava para uns poucos que ainda o "perseguia" por causa de sua conversão; que já havia "perdoado--os". Mas disse, também, que os "ladrões de verdade" daquela "cadeia" sabiam e não duvidavam de sua conversão. Esse duplo prisma, que faz desse preso duas coisas completamente diferentes – "seguro" para uns, "cara pelo certo" para outros –, impede quaisquer chances de lhe direcionar o pesado manto do conceito de *individuo* – basilar para a sociologia de Goffman, na qual Dias se apoia para afirmar o "papel desacreditado dos evangélicos no cárcere" (2005a e 2005b). Vale evocar – somente evocar – o conceito melanésio da pessoa como *divíduo* (Strathern, 2007) e as noções de *entre-dois* e de *pessoa fractal* utilizadas por Lima em sua etnografia do povo yudjá (2005). Enfim, é importante ressaltar que esse preso, quando indagado sobre o "seguro" daquela unidade, disse-me: "não pode nem fica falando, mas tem muita injustiça nas cadeia".

36   Com isso, sem dúvidas, não alcei uma leitura *mais clara*! Nada disso! Trata-se de uma leitura sob outro viés; pois implica *enviesamento*: as defesas sobre qual acoplamento "proceder"/ divisão "convívio"--"seguro" estava "pelo certo" somente apareceram-me, decisivamente, no instante em que ouvi presos que entendiam tais defesas como um problema pungente – que afligia suas próprias vidas.

Crime e proceder   **67**

a campo. Desde então, não bastava mais perceber meus interlocutores em trincheiras de um intenso embate; eu teria que me debruçar sobre as argumentações que sustentavam tais trincheiras, ou seja, que sustentavam as posições em tal embate. Dito de outro modo, definitivamente, eu teria que me preocupar com suas "verdades".

Ora, mas o que meus interlocutores entendem por "verdade"? Quando um preso, ao final de uma rebelião, pressentindo uma invasão avassaladora da "choque",[37] pergunta a seu companheiro de cela, "Cê muquiô nosso radinho naquele mocó?",[38] e seu companheiro lhe responde, "É nóis, tá guardado",[39] essa resposta faz-se como "verdade", pois em dizendo afirma-se uma consonância com a *realidade*. Com efeito, essa noção, do modo como aparece nas formulações nativas, atesta aquilo que está em conformidade com o *real* – ou, com a "realidade"... para ficarmos com uma definição internalista. É nesse sentido que se diz "tô falando a real" ou "essa é a realidade". Assim sendo, poder-se-ia argumentar que essa definição não se distingue, fundamentalmente, daquelas fixadas nos dicionários, e que, portanto, não oferece nenhuma contra-intuição para a pesquisa antropológica. No limite, poder-se-ia dizer que ela decorre de um fundo cultural, que chamamos de *Razão Ocidental*, portador de uma concepção de verdade objetiva e racional, intimamente conectada, por sua vez, com a *Alétheia*

---

37   Modo como é chamado o Policiamento de Choque da Polícia Militar do estado de São Paulo.

38   O mesmo que: Você escondeu nosso aparelho celular naquele esconderijo?

39   Sentido aproximado: Fique tranquilo, está escondido.

do pensamento grego, quiçá com a pré-história da *Alétheia* filosófica[40] – é quase certo que, por essa investida, se diria que a "verdade" de meus interlocutores é uma decorrência pobre da *Razão Ocidental*, ou seja, uma noção veiculada no *senso comum*. Talvez essas objeções hipotéticas sejam bastante pertinentes.

No entanto, quando a pergunta direcionada contra meus interlocutores é *que é* "certo"?, as respostas mobilizam procedimentos de conexão e de desconexão entre o *dizível* que é o "proceder" e o *visível* que é a divisão "convívio"-"seguro" para responder a essa questão. Como já deve estar claro, o "certo" é a conexão *verdadeira* entre os estratos em questão, pois só nela se efetua, "de verdade", a divisão entre "ter proceder" e "não ter proceder" ancorada na divisão, respectiva, entre "convívio" e "seguro". É por isso que a partir do coletivo A pode-se dizer, em prejuízo aos "caras" do coletivo "B", "a verdade tá com nóis" ou "estamos pelo certo". Com efeito, o "certo" é uma *qualificação* da conexão de estratos *verdadeira*, ou seja, aquela que é "de verdade". Dito de outro modo, se a "verdade" atesta aquilo que está em conformidade com o *real*, isto que está em conformidade com o *real* é "certo".

A pergunta *que é* "certo"? levou-me a reencontrar a noção de "verdade"; mais que isso, a definição do *que é* "verdade". Explorando esse modo de perguntar – *que é isto?* – encontrei um movimento circular que talvez não leve a lugar algum, a

---

40 Para um estudo aprofundado sobre a pré-história da *Alétheia* filosófica, através de uma incrível viagem pela pré-história do poema de Parmênides, cf. Detienne (1988). Há uma longa discussão acerca da passagem do mito à razão, por conseguinte, defesas e rejeições da tese *há razão no mito* (para o pensamento grego, cf. Vernant, 1998 e 1990; para o pensamento indígena, cf. Lévi-Strauss, 2004).

menos que eu decida enveredar pelas muitas explicações sobre o que quer dizer esse *que* da questão.[41] Por certo, uma alternativa que me levaria para bem longe de meus interlocutores. No entanto, olhando atentamente, esse movimento circular oferece outro caminho quando, para a pergunta *que é* "certo"?, fulguram os procedimentos de conexão e desconexão entre o *dizível* e o *visível*. Nos cascalhos que o pavimentam não se encontram apenas subsídios para indagar *o que é a* "verdade"; pelo contrário, esse caminho é, ele próprio, um indagar sobre *como* se dá a "verdade". Segundo entendo, esse é o caminho sobre o qual andam meus interlocutores quando indagados pelo "certo". Aqui chego ao ponto decisivo da inflexão incitada por aquele frágil-forte ponto de vista: esses jogos de conexão e desconexão dos estratos em questão são o próprio *argumento* que sustenta a "verdade". Entendo, por conseguinte, que cada um desses saberes realiza um procedimento *genealógico* de análise, já que se debruçam sobre suas próprias experiências, e sobre as experiências de outros, a partir de uma questão que lhes é presente: "o que é o certo?".[42] Desde esse procedimento,

---

41   Essa forma de questionar – *que é isto?* – foi "desenvolvida por Sócrates, Platão e Aristóteles", e através dela buscava-se mais que a delimitação exata do *isto* (o belo, o conhecimento, a natureza, a verdade etc), buscava-se "uma explicação sobre o que significa o *que*" – o *tí* em grego, o *quid* em latim – do *isto*, sua *quidditas* (quididade). Para Platão o *tí* "significa precisamente a *idéa*"; desde então, outras explicações foram dadas acerca do *tí* – Aristóteles, Kant, Hegel... (cf. Heidegger, 1973).

42   A fecundidade do conceito de *genealogia* na obra de Michel Foucault é por demais conhecida. Tal noção pode ser verificada em dezenas de seus escritos. Por isso, não ousaria dar aqui uma definição, digamos, bibliográfica. Isso só me traria problemas alheios aos meus objetivos. Meu uso desse conceito visa apenas o funcionamento de minha

conseguem apresentar o modo como efetuam "pelo certo" o acoplamento entre "proceder" e divisão "convívio"-"seguro", assim como o modo pelo qual seus rivais o deturpam; ou ainda, apresentam a falácia guardada nesses pretensos acoplamentos "pelo certo". É por conta desses recursos *genealógicos* que podem dizer "nóis tem o proceder pelo certo; essa é que é a verdade".[43]

Agora minha tarefa está bem colocada: ocupar-me, etnograficamente, com as *genealogias* realizadas por meus interlocutores – apreender *como* esses saberes constituem "verdades" específicas e *como*, deles, decorrem desconstruções das "verdades" defendidas pelos rivais. Posto isso, passo a apresentar o modo como consolidei meus dados etnográficos com base nesse novo horizonte de pesquisa.

Quatro *genealogias*

A cada conversa informal que tive com meus interlocutores, mais e mais se complexificaram, para mim, seus entendimentos acerca do "proceder", da espacialidade "convívio"--"seguro" e da consequente apartação populacional de presos.

---

argumentação: entendo por *genealogia* uma análise sobre constituição de *verdades*, conduzida a partir de uma questão atual.

43 Devo à arguição de minha Profª. Ana Claudia Duarte Marques, durante o exame de qualificação, a sugestão segundo a qual, a partir do modo como eu expunha meus dados de campo e do uso que fazia da noção de *genealogia*, seria possível estabelecer uma convergência entre o sentido dessa noção e o sentido de *teoria etnográfica* – cf. Goldman (2006: 31 ss.). Não estou seguro de que minha pesquisa efetua uma *teoria etnográfica* – entendida sob o signo do conceito de devir-nativo –, mas, entendo que tal sugestão foi decisiva para que eu passasse a perceber os saberes de meus interlocutores como procedimentos *genealógicos*.

Por tudo isso, não poderia, nem que quisesse, apresentar *o* ponto de vista nativo ou *todos* os pontos de vista nativos. Falarei apenas de *uma* construção possível feita a partir de *algumas* de suas vozes. Falarei de quatro diferentes entendimentos de meus interlocutores:

1) *alguns* ex-presidiários que viveram experiências prisionais até mais ou menos a primeira metade da década de 90, ou seja, antes do surgimento ou da consolidação das "facções" nas unidades prisionais do Estado de São Paulo, afirmam que foi somente até a sua época (a época dos "ladrões") que vigoraram, sem distorções, as premissas do "proceder" e que hoje (a época dos "bandidos") sua essência está descaracterizada;

2) *alguns* ex-presidiários que viveram experiências em unidades prisionais "do PCC" (também chamado de "Partido", de "Quinze" ou simplesmente de "Comando"),[44] afirmam que o "proceder" só foi restaurado nas cadeias que passaram ao domínio hegemônico desse coletivo, onde foi possível operacionalizar os dois pilares centrais que orientam sua política: a) a conservação da "paz" entre os presos do "convívio" e b) o propósito comum de "quebrar cadeia" (tentar constantemente fugir) e "bater de frente com a polícia" (decretar "guerra" contra os agentes de segurança pública);

---

44 Diz-se comumente que uma cadeia é "do coletivo A" ou "do coletivo B ou "do coletivo C" etc. Obviamente essas pronunciações desagradam o *staff* de segurança e administrativo das agências de segurança de São Paulo. Daqui por diante, sempre que utilizar "Comando", estarei me referindo ao PCC. Quando utilizar "comando", estarei me referindo genericamente às "facções".

3) *alguns* (ex-) presos que viveram, ou vivem, em cadeias "do CRBC" (Comando Revolucionário Brasileiro da Criminalidade)[45] – consideradas "seguros" pelos presos relacionados ao PCC –, afirmam que o "proceder" vigora ali assim como era de praxe nas cadeias antes do surgimento das "facções", momento em que cada preso deveria responder pelos seus próprios atos sem contar com nenhum respaldo de grupos, ou seja, veem os domínios do CRBC como o último recôndito em que impera o verdadeiro "proceder" e o próprio CRBC, não como "facção", mas como uma organização para manutenção de "cadeias justas", seriamente ameaçadas pelos avanços do PCC;

4) *alguns* presos que, após terem sido "mandados para o seguro" em "cadeias do PCC", passaram a viver nas margens de "cadeias do CRBC" – dentre os quais, alguns passaram a garantir suas vidas através de idas e vindas entre "seguros de cadeias do PCC" e "seguros de cadeias do CRBC" –, afirmam que o "proceder" deixou de existir no "sistema prisional" como referência através da qual se avalia as condutas pessoais e que a divisão espacial

---

45 Durante uma ida a campo em outubro de 2007, um diretor confirmou o "domínio do CRBC" nas seguintes unidades prisionais: Penitenciária José Parada Neto (PJPN), Penitenciária de Itirapina I e Centro de Detenção Provisória (CDP) II de Guarulhos. Explicou ainda que a penitenciária de Avanhandava e a penitenciária de Presidente Prudente também estavam, mas após um recente remanejamento dessa "facção" para Itirapina I, passaram para o "domínio do PCC". Não soube me responder (ou não quis) se alguma "galeria" das 3 penitenciárias de Franco da Rocha, ou do CDP dessa cidade, estava "com o CRBC"; alguns interlocutores já me falaram desse domínio, ainda que parcial, numa dessas cadeias – já outros negaram.

"convívio"-"seguro" funciona atualmente como um mero recurso administrativo para separar "facções inimigas".

LADRÕES DAS ANTIGAS

No primeiro entendimento, defendido nos relatos de ex--presos "das antigas",[46] afirma-se que o "proceder" só vigorou plenamente na "época dos ladrões", momento da história prisional em que os presos se aliavam a partir dos "conhecimentos de vila" e de "correrias no crime",[47] formando "quadrilhas" que, apesar de possuírem laços bastante fortes, eram incapazes, pela extensão que possuíam, de "botar uma cadeia inteira pelo errado", "acobertando pilantragens" e "mandando para o seguro os sujeito-homem".[48] Uma "quadrilha" que pretendesse "passar

---

46 As expressões "das antigas" e "nas antigas" remetem a um passado específico: o surgimento das "facções" no "sistema prisional" paulista – processo que encobre toda a década de 1990 – serve de referência para traçar o que é passado e o que é contemporâneo para meus interlocutores.

47 Ao chegar em uma prisão, era procedimento corrente se informar sobre onde estavam – exemplos hipotéticos – os "ladrões do Cangaíba", a "cela dos parceiros do Heliópolis", o "fulano de Osasco" etc. Mas também ocorria de um "ladrão" da Pedreira (zona sul) morar no "barraco" – sinônimo de "cela" e de "x" – de "ladrões da zona norte", pois com eles realizava as suas "correrias no crime". O sentido de "correria", aqui, pode extrapolar o sentido de *atividade criminosa*, pois, a depender de quem são os relacionados nessa empreitada, não se restringirá apenas à realização de assalto, tráfico de drogas, compra de armas etc. Um "ladrão" sem pendências com a lei, ao visitar seu "aliado preso" pode muito bem dizer: "estamos nessa correria [o infortúnio da prisão do "parceiro"] juntos; mas logo mais vamos para os corres [assaltos] de novo".

48 "Botar uma cadeia inteira pelo errado" é fazê-la funcionar sem preocupações com o "proceder". "Sujeito-homem" é uma pessoa que "tem proceder", que "está pelo certo". Optei por manter o uso dessa

pano" para seus "aliados"[49] e "abusar" ou "mandar para o seguro" presos que "não estavam pelo errado", logo encontrava outro ajuntamento de "ladrões" prontos para impedir tais "injustiças". Com efeito, os jogos de alianças tendiam para o equilíbrio das forças, tornando possível aos "faxinas", "cozinheiros" e "patronatos de oficinas" colocarem seus posicionamentos sobre qualquer contenda, envolvendo quaisquer presos, sem sofrerem interferências e pressões das "quadrilhas". É indispensável dizer que o preso lotado em uma dessas posições políticas era considerado portador de uma "visão" preparada para apontar – não se trata de definir – o que estava "pelo certo" ou "pelo errado". Essa espécie de prerrogativa dos "faxinas", "cozinheiros" e "patronatos" nada tinha a ver com algum *direito* previamente garantido; antes, dependia diretamente das considerações que os demais presos lançavam sobre suas "caminhadas". É nesse sentido que se diz que tais presos "tinham uma visão certa das fitas que acontecem", exatamente porque "eram aqueles caras que tavam na caminhada há mais tempo". Deles se diz, muitas vezes, que possuíam uma "sabedoria de cadeia": uma espécie de arte singular, baseada em um "maior discernimento", para

---

expressão no singular, porque entendo seu uso no plural como um grave erro na "linguagem do crime".

49 "Passar pano", nesse caso, significa abrandar ou omitir a falha de um aliado; "dar pano", por efeito, é fornecer proteção ao aliado; enfim, "ficar no pano" é a situação de proteção pela qual passa esse aliado. Obviamente essas relações são tidas como deploráveis, já que possibilitam a permanência de um "cara sem proceder" no "convívio". Mais que isso, são tidas como insustentáveis. O *rapper* Sabotage reforça essa consideração: "(...) Não adianta passa pano, o pano rasga" (2001a).

Crime e proceder   **75**

"tocar a cadeia" num "ritmo certo", impedindo que ela "vire uma guerra" sem qualquer correspondência ao "certo".

Nesse cenário, que ilustra a "época dos ladrões", não se podia depender da proteção de "parceiros". Cada preso devia contar apenas com o próprio "proceder", realizando aquilo que se espera de um preso que "tira uns dias" no "convívio". Para além disso, devia compromissos apenas aos homens de sua quadrilha, se fizesse parte de alguma. Repetidas vezes ouvi dizerem, em forte expressão desse entendimento, que "nas antigas era cada um por si". Cada um com sua própria "verdade", com sua própria "palavra" e com seu próprio "proceder".

Contudo, segundo entreveem, vieram os tempos das "facções", quando "caras sem proceder" puderam prevalecer em "debates" graças à proteção de outros. O que não era possível na "época dos ladrões", passa a funcionar internamente ao jogo de relações então vigente. Presos "sem conceito algum", apenas por estarem embrenhados em alianças de "facções", passam a "tirar seus dias" como se fossem "ladrões verdadeiros". É o fim do "respeito" entre "ladrões", possível apenas quando todos contam somente com o "proceder" para manterem-se vivos e no "convívio", já que agora, como consequência direta do surgimento das "facções", presos "sem qualquer expressão no crime" veem-se fortificados, por conta mesmo de seus conluios faccionais, diante de "ladrões verdadeiros" que continuam contando exclusivamente com suas "verdades", "palavras" e "proceder". Sendo assim, os "verdadeiros ladrões" não poderiam emitir suas apreciações acerca desses "presos sem conceito algum" senão rebaixando-os moralmente ao mesmo plano daqueles que vivem no "seguro", pois a única diferença entre ambos é que enquanto uns se valem da proteção que lhes é dada pela administração prisional, os outros se valem da proteção que lhes é dada por outros presos. Diz-se, realmente, que surgiram "seguros" dentro do próprio "convívio". E se não bastasse esse incontornável desarranjo, as posições políticas "faxina", "cozinheiro" e "patronato", que até então funcionavam como pontos de veridicção do "proceder pelo certo", deslizam operacionalmente e semanticamente – restando apenas seus nomes – ao encontro de uma nova posição política que surge com as "facções": a "pilotagem". Essa passa a modelar o funcionamento das atividades políticas, pertinentes aos emergentes arranjos sociais: o "piloto" é um novo ponto de veridicção, não mais do "proceder pelo certo", mas das coordenadas políticas das "facções".

O crepúsculo da "época dos ladrões" marcava o fim do "proceder", não como conduta a ser seguida, pois os "homens" que falam a partir deste ponto de vista dizem que sempre terão "proceder", mas como princípio fundamental na organização da experiência prisional. Uma nova aurora se abre no mundo prisional, marcada por aquilo que esses homens chamam de "época dos bandidos". Nessa, o "proceder" haveria sobrevivido apenas enquanto palavra; quiçá poder-se-ia dizer que o "proceder" se converteu em mera fantasmagoria.

PRIMEIRO COMANDO DA CAPITAL (PCC)

Mas não é assim que as coisas se passam no segundo entendimento, defendido nos relatos de ex-presos que viveram experiências em unidades prisionais "dominadas pelo PCC".[50] Nele, afirma-se que "a mile anos o que tinha era guerra entre os ladrão", um período em que se permitiam extorsões contra prisioneiros "primários", "estupros entre presos", comercialização de "pedra" ("crack") e "mortes por qualquer coisa" diariamente. Os "presos primários", afrontados por "quadrilhas de pilantras", passavam a ter suas vidas ameaçadas caso seus familiares não atendessem às reivindicações dos extorsionários. Outros eram estuprados e até mesmo forçados a serem "mulheres de presos" para terem suas vidas poupadas. Sob a alegação de se seguir um pretenso "proceder", permitia-se que presos "se afundassem em dívidas" por conta do uso brutal da "pedra", vendida por outros presos que mais tarde lhes matariam ou lhes "mandariam para o seguro", ou, ainda, cobrariam pagamentos sexuais de suas familiares (esposas, mães, irmãs) para o abatimento das dívidas. Nesse regime, os papéis do "faxina" – quase não se fala dos "cozinheiros" e dos "patronatos" – e dos "debates" eram postos em segundo plano em meio a tantas resoluções de litígios entre presos e "quadrilhas" que não passavam por consulta pública. Consequentemente, o resultado desse panorama dantesco eram as cifras alarmantes de assassinatos entre os próprios presos. Enfim, esse estado de coisas não encontrava qualquer correspondência ao "certo", não oferecia nenhuma possibilidade para "prevalecer pelo proceder" e tampouco aludia a alguma coerência na divisão entre "convívio" e "seguro".

O início da decadência dessa "época de guerra entre os ladrão" fulgurou em 1993 no seio da unidade prisional

---

50 Recomendo, fortemente, o estudo sobre o PCC realizado por Biondi (2010).

conhecida como "a mais segura do país" – à época – e pelos brutais maus-tratos infligidos contra os "criminosos mais perigosos do estado", o Centro de Readaptação Penitenciária ("Anexo") da Casa de Custódia e Tratamento de Taubaté – apelidada de "piranhão", "inferno" e "campo de concentração" pelos presos –, quando um "pacto" foi travado entre oito presos[51] que, assistindo a "desunião dos ladrão" e as "injustiças do Estado", propunham instituir novos modos de relação entre os prisioneiros e, por conseguinte, uma nova maneira de travar relações com o "Estado". Ali se dava a "fundação do PCC": um acontecimento que era, ele próprio, uma promessa de "revolucionar" o "crime" e o "sistema prisional". Foi questão de tempo para que aparecesse o "Estatuto do PCC",[52] um programa político que se expandiria velozmente pelos "raios" do sistema penitenciário paulista. Nele era

---

51 Ademar dos Santos ("Dafé"), Antônio Carlos dos Santos ("Bicho Feio"), Antonio Carlos Roberto da Paixão ("Paixão"), César Augusto Roris da Silva ("Cesinha"), Isaías Moreira do Nascimento ("Isaías Esquisito"), José Márcio Felício ("Geleião"), Misael Aparecido da Silva ("Misa") e Wander Eduardo Ferreira ("Eduardo Cara Gorda").

52 Apresento, adiante, uma condensação de seus 16 itens programáticos. A íntegra desse documento pode ser consultada em Jozino (2005: 36-38), jornalista que oferece uma contribuição decisiva e pioneira para os estudos sobre o PCC. Biondi, ao longo de sua pesquisa de campo, percebeu que a versão sobre a "fundação do PCC" apresentada no livro *Cobras e lagartos* gradativamente solapou as demais versões até então correntes (2010: 69-70). Foi essa *versão vitoriosa* que etnografei em campo. Ótima oportunidade para dizer que um livro "(...) faz rizoma com o mundo, há evolução a-paralela do livro e do mundo, o livro assegura a desterritorialização do mundo, mas o mundo opera uma reterritorialização do livro, que se desterritorializa por sua vez em si mesmo no mundo (se ele é disto capaz e se ele pode)" (Deleze & Guattari, 2005: 20).

proposto o estabelecimento de vínculos de "lealdade", "respeito" e "solidariedade" entre os "membros" da irmandade nascente. Claramente uma indicação positiva dos laços axiais de compromisso que deveriam ser empregados na condução desse coletivo político, isto é, uma recomendação que visava garantir nova convivência para os "integrantes do PCC": uma convivência entre "irmãos" – assim passariam a ser chamados os presos "batizados no PCC" – e "primos" – presos que "não foram batizados", mas permaneceram no "convívio" junto aos "irmãos", respeitando e compartilhando as mesmas regras. O "Estatuto" previa, também, contribuições dos "irmãos em liberdade" para o benefício dos "irmãos que estavam no sofrimento",[53] através de "advogados, dinheiro, ajuda aos familiares e ação de resgate"; condenava com repugnância os "assaltos", "estupros" e "extorsões" entre presos;[54] convocava seus "membros" a permanecerem "unidos e organizados" para impedir que acontecimentos similares ao "Massacre do Carandiru"[55] voltassem a ocorrer; enfim, anunciava como "prioridade do Comando", naquele momento,

---

53   "Estar no sofrimento", nesse caso, é o mesmo que *estar preso*.

54   O "Estatuto" não prevê apenas aquilo que deve ser feito, mas também dispõe sobre aquilo que "não admite" (conforme os itens 5, 6, 7, 8, 9 e 12). Ele também prevê "condenações": "exclusão" e "repúdio" (item 5) e "morte" (item 7).

55   Ocorrido no fatídico dia 2 de outubro de 1992 no interior do pavilhão 9 do Carandiru, onde 111 presos foram assassinados durante uma operação policial cujo objetivo seria a desarticulação de uma suposta rebelião. É preciso dizer que em diversos depoimentos de ex-presos que experienciaram essa situação, a tese da existência de uma rebelião em curso antes da "invasão" dos policiais é considerada falsa, bem como o saldo oficial de mortos (Du Rap & Zeni, 2002).

o pressionamento político ao "Governo do Estado" para a desativação do "Anexo" da Casa de Custódia e Tratamento de Taubaté, palco de "tantas lutas inglórias" e de "tantos sofrimentos atrozes".[56] Além dessas disposições, o documento afirmava que os ideais de "liberdade", de "justiça" e de "paz" eram o "tema absoluto" do PCC.

Assim sendo, cada unidade prisional que passou a estar sob seu "domínio" sofreu drásticos rearranjos com vistas à efetuação dos desígnios desse "tema absoluto". Em suma, esses rearranjos implicaram a instituição de um novo "ritmo de cadeia" que pode ser caracterizado pela implementação de duas políticas específicas. A primeira tem como meta direta o estabelecimento da "paz entre os ladrão" e busca realizá-la através de medidas que visam eliminar "as matanças" entre os próprios "ladrões". Dentre tais medidas destaca-se a produção de uma nova figura de "liderança" no interior do "sistema prisional": o "piloto". Guardião dos "ideais do Comando", ao lado da "faxina" – agora restituída à sua posição de preeminência para "tocar a cadeia" –, o "piloto" conduzirá quaisquer litígios entre presos, procurando, sempre que possível, resolvê-los sem prejuízos para nenhuma das partes, procedimento decisório conhecido como "botar uma pedra na fita". Outra medida que visa claramente frear os "acertos de contas" está literalmente

---

56 Meus interlocutores consideram imprescindível apontar que José Ismael Pedrosa, após ser afastado do cargo de diretor do Carandiru, por conta do "Massacre" de 1992, recebeu transferência administrativa e passou a dirigir a Casa de Custódia e Tratamento de Taubaté.

expressa num símbolo: enquanto a "bandeira do partido" estiver hasteada no pátio "ninguém pode trocar com ninguém":[57]

Caderno de campo: conversa com mãe e com o irmão de Azul[58] (2005)

Numa das visitas feitas a seu filho, já em Parelheiros, essa mãe ficou perplexa ao verificar uma grande bandeira feita em lençol branco, hasteada no pátio da prisão, com a menção "Paz, Justiça e Liberdade" no ponto mais alto, um grande revolver desenhado no meio, quatro dígitos seguido da sigla PCC mais abaixo e ainda mais abaixo (e em letras menores) três dígitos seguido da sigla CV (Comando Vermelho).[59] Ao indagar seu filho sobre o significado daquela bandeira, ele respondeu que enquanto ela estivesse estendida não poderia haver qualquer acerto de contas no interior da prisão, e que, portanto, nos dias de visita impreterivelmente ela estaria hasteada.[60]

---

57 Tal expressão quer dizer que está proibido qualquer luta entre presos, estejam desarmados ou com facas.

58 Ao longo de minha pesquisa às vezes recorri à mudança dos nomes de meus interlocutores. Vezes passaram a se chamar A, "B" ou "C", vezes Azul ou Amarelo.

59 Atualmente, a "aliança" entre PCC e CV não é ponto pacífico entre meus interlocutores.

60 Também reproduzido em Marques (2007a). Ao ler este relato, Biondi me contou que os dígitos são, respectivamente, 1533 e 321. Para obtê-los basta substituir as letras do alfabeto por uma sequência numérica iniciada em 1; C=3, P=15, V=21. Disse-me também que em seu campo não havia bandeira hasteada, mas era de conhecimento de todos a

Marcos Willians Herbas Camacho ("Marcola"), em depoimento tomado pela CPI (Comissão Parlamentar de Inquéritos) do Tráfico de Armas, fala do ideal de "paz" do PCC lançando mão de um caso genérico limítrofe (o impedimento do confronto de um preso contra outro que "matou" seu pai) que define bem a força dessa política:

> O PCC evitou várias dessas mortes, porque impunha, na época, esse negócio de paz. Tem que ter paz dentro do sistema penitenciário. Então, às vezes... O cara, às vezes, tinha matado o pai do outro cara e que, numa situação normal, o outro iria já matá-lo. Isso é normal dentro do sistema. E devido a essa imposição de paz... (p. 158).[61]

A segunda política promovida em "cadeias do PCC" pode ser caracterizada por um duplo movimento de repúdio e "guerra" à administração prisional e, principalmente, à polícia.[62] Num

---

vigência dos impedimentos que indica. Ou seja, o não-hasteamento da "bandeira branca" não é, necessariamente, sinal de uma não-vigência de suas imposições.

61 Ele não chegou a concluir sua formulação, foi interrompido. Cf. Transcrição *ipsis verbis* da tomada de depoimento de Marcos Willians Herbas Camacho (Marcola) pela CPI (Comissão Parlamentar de Inquéritos) do Tráfico de Armas – realizada pelo Departamento de Taquigrafia, Revisão e Redação da Câmara dos Deputados –, que ocorreu durante a reunião fechada nº 0871R/06, em 08/06/2006, com início às 13h30min e término às 17h43min, nas dependências da penitenciária de Presidente Bernardes (SP).

62 Através do sequestro do repórter Guilherme de Azevedo Portanova e do auxiliar técnico Alexandre Coelho Calado, ambos da Rede Globo,

movimento, constroem-se as noções "irmão" e "primo" para coligar os indivíduos que são "do crime", em oposição à "coisa", que serve para repelir tanto os presos que não estão de acordo com as políticas do "Partido" – portanto não são "do crime" –, quanto os policiais e funcionários da administração prisional. Noutro movimento, além de declarar "guerra aos polícias", decreta-se uma nova conduta a ser seguida por todos presos, basicamente significada na expressão "quebrar cadeia", segundo a qual deve-se haver um empenho constante para a realização de fugas. Desse modo, todo preso que não se empenha na "guerra contra os polícias" e em "quebrar cadeia", compõe, junto aos "polícias" e funcionários da administração prisional, a categoria "coisa". É nesse sentido que os presos de cadeias do CRBC são considerados "coisas" pelos presos de "cadeias do PCC". Além desse adjetivo, também é empregada a expressão "gosta de tirar cadeia" para definir as disposições de tais presos, cujas condutas, segundo os presos de "cadeias do PCC", revela uma constante tentativa de obter benefícios dos funcionários da administração prisional.

O entendimento derivado desse novo "ritmo de cadeia" dispara críticas tanto ao modo como as "cadeias das antigas" eram "tocadas" – por conta mesmo de sua incapacidade inextrincável para estabelecer "a união do crime" – quanto à disposição dos presos de "cadeias do CRBC" para atenderem as regras institucionais, visando benefícios por assim se portarem – deliberada incapacidade para repudiar qualquer conformação a uma vida prisional antifugas.

---

ocorrido em agosto de 2006, integrantes do PCC conseguiram exibir em rede nacional uma gravação na qual uma das afirmações é de que lutam contra os governantes e policiais.

No entanto, no seio do próprio PCC verteria uma autocrítica potente o bastante para provocar um grave reajuste em sua proposta política inicial. Isso se deu ao final do ano de 2002, quando os dois únicos "fundadores" vivos – "Geleião" e "Cesinha" –, que gozavam a prerrogativa de "decisão final" sobre as opiniões, conforme o item 10 do "Estatuto", foram "escorraçados" e "repudiados". Assim como outros "fundadores" que haviam sido assassinados, eles passaram a exercer contra a "população carcerária" aquilo que em 1993 prometeram combater: "a opressão do preso pelo preso". Deles se diz que "o poder subiu para a cabeça", que se sobrepuseram aos "ideais do Comando", motivados por "poder", "vaidade" e "dinheiro". Mataram até quando puderam, sem se preocuparem com a realização de "debates justos" que poderiam apontá-los como "errados". Operavam suas políticas acima dos "pilotos" e, por isso, não precisavam se incomodar com a política "paz entre os ladrão". Tornaram-se mandantes, se esquecendo dos vínculos basilares que davam sustentação às relações entre "irmãos" e "primos". O PCC havia se tornado um negócio particular para eles. Mas chegou o dia em que perceberam não possuir mais o lastro político necessário para bancarem-se como "fundadores". Foi quando "correram para o seguro".

A atuação política de um preso foi considerada crucial para que a "população carcerária" percebesse que vinha sendo vilipendiada pelos dois últimos "fundadores". Ele havia assistido a "fundação do PCC" em 1993; era um "companheiro de sofrimento" dos oito fundadores. No entanto, quando retornou ao cárcere no ano de 1999, deparou-se com a deturpação dos "ideais do Comando" e com a formatação "piramidal" que havia recaído sobre aquilo que deveria ser uma "família". Foi "Marcola" quem "bateu de frente" com "Geleião" e "Cesinha",[63] recebendo o "apoio total da população carcerária". Uma nova disputa interna era posta em curso, como outras que haviam emergido nos anos anteriores e motivado assassinatos entre "fundadores". Mas dessa vez, o que estava em causa não era a disputa pela posição máxima do "Comando", mas sua eliminação. Era chegada a hora do PCC "aprender com os erros do passado". Dali por diante estava extirpada a posição política "fundador", bem como a figura de "general" – última variação de *mando* no seio do coletivo. O que estava implicado nesse movimento era a eliminação, por completo, da diferença imensurável (infinita, portanto) entre os "fundadores" e "irmãos" (para não falar dos "primos"). Já não mais haveria diferenças *absolutas* entre os relacionados ao PCC – prerrogativas dos "fundadores" –, mas somente diferenças de "caminhadas" – entre "pilotos", "irmãos" e "primos". Assistia-se a adição de um novo princípio ao lema "paz, justiça e liberdade": a quarta orientação basilar do programa do PCC era a "igualdade". Enfim, as diferenças de "caminhada" no âmbito do "Comando" não poderiam mais ser confundidas com quaisquer relações de *mando*. Todos os preso de "cadeias do PCC", sem exceções, seriam efetuações do signo "de igual". Tratava-se, sem dúvidas, de uma espécie de *refundação* do PCC.[64]

---

63 A "Cesinha" é atribuída a fundação de uma nova coletividade política, o Terceiro Comando da Capital (TCC), surgido na Penitenciária Dr. Danilo Pinheiro (Sorocaba I) por volta de 2003.

64 Conforme mencionei em outra ocasião, Biondi foi a primeira a problematizar o qualificativo *chefia* comumente atribuído às atividades dos "líderes do PCC" e a expor os efeitos do princípio de "igualdade" nas relações entre presos de cadeias "dominadas pelo PCC" (2007). Tratei

COMANDO REVOLUCIONÁRIO BRASILEIRO DA CRIMINALIDADE (CRBC)

Já no terceiro entendimento, defendido por presos que vivem, ou viveram, em cadeias sob o "domínio do CRBC", ao contrário dos "presos das antigas", para os quais o surgimento das "facções" bloqueou a possibilidade de vigorar um regime em que o "proceder" seja o fator determinante nas relações entre presos, considera-se que apenas "em cadeias do PCC" tal impedimento ocorreu. Para eles, o CRBC surgiu justamente para "corrigir tais injustiças". A fundamentação dessa divergência, entretanto, não se deu exatamente com o surgimento do PCC. Na verdade, para alguns de meus interlocutores, o nascimento desse coletivo político é tido como algo que não requereu à época qualquer atenção especial; tratava-se apenas de mais uma "quadrilha" que aparecia no "sistema prisional". Outros, cujas "caminhadas" imbricaram, bem cedo, os rastros ainda pouco visíveis dessa "facção", narram que seus "propósitos" e suas primeiras afrontas às administrações prisionais locais – principalmente manifestações coletivas contra os maus-tratos provocados arbitrariamente e autoritariamente por agentes penitenciários e por policiais durante blitzes periódicas – representaram "conquistas importantes para os presos". Entendem, inclusive, que essas "conquistas" foram decisivas para as numerosas adesões que receberam nos primeiros anos de existência. Contudo, e agora esses interlocutores falam em uníssono, o crescimento relâmpago desse coletivo – que viria a ter um amplo alcance nas "cadeias" pelo "finalzinho" da década

dessa *refundação* em um artigo que considera a noção de "liderança" a partir do ponto de vista de Marcola (Marques, 2010).

de 90 – não se fez sem promover toda sorte de "injustiças", contra as quais apregoava combater. É aqui, na expansão do PCC, que começam a aparecer as "injustiças" que fundamentam a grave divergência contada a partir do CRBC. Se se diz que o PCC defendia o fim dos "acertos de contas" rotineiros entre os "ladrões", impedindo que seus adesistas assassinassem-se em confrontos cujo derradeiro derramamento de sangue seria esperado em outras conjunturas, deve-se dizer, também, que em bandos empunhavam suas facas para "subir"[65] os "inimigos", sem lhes dar a menor chance de argumentar durante um "debate". Defendiam o fim das extorsões entre os presos, mas "impunham pedágio"[66] para seus adeptos ao mesmo tempo em que "ameaçavam" aqueles que tentavam manter a opção de permanecer "fora do PCC", ou seja, constituíam um grande efetivo de membros "exturquidos", que optavam pelo "partido" para não sofrerem suas pesadas investidas bélicas. A reboque desse movimento, o PCC se tornou o reduto de "um monte de muleques" que avolumavam as celas do "sistema prisional". Desses jovens prisioneiros se diz que "não tinham disposição" suficiente para suportarem as pressões dos "irmãos" e que, por isso, "entraram para o Partido na emoção" – seja pelo "medo de viver ao lado de uma pá de bandidos",[67] seja

---

65 "Subir" – ou "sentar o pau", ou "sentar o aço" – é o mesmo que *matar*. "Subiu" é o mesmo que *morreu*.

66 Nesse contexto, significa o mesmo que *cobrar taxa*.

67 "Uma pá" – ou "um monte", ou "uma caralhada" – significa *bastante*.

pela "empolgação de ganhar ibope no crime".[68] Se "nas antigas" esses jovens recebiam orientações dos velhos "faxinas" que sabiam se posicionar "pelo certo", agora passavam a ser gestados no interior do PCC: era a produção da "nova safra do crime", uma nova geração de presos "malandriados" na cartilha do PCC e alheios ao "proceder pelo certo".[69]

Com efeito, segundo se diz, o PCC convertia-se num antro de "lagartos comandados por bandidões". Há nisso uma dupla crítica: tanto à figura do "lagarto", quanto à figura do "bandidão". Esse último é um "cara que quer se impor pela força, em cima de presos que não têm disposição para ir pro arrebento".[70] Diz-se comumente que "ele [o "bandidão"] tira um coitadinho aqui, outro ali... Só que na cadeia quem tira muito vai engordando pra morrê mais gordo. Na hora do sapeca iaia, que ele não tá no pano dos parceiro dele...aí morre...não tem jeito".[71]

---

68 "Ganhar ibope no crime" – ou "ganhar conceito no crime" – significa *obter prestígio entre os* "criminosos".

69 É interessante notar que entre os moradores de Cidade de Deus o "pivete" é considerado perigoso porque "dá sugestão", mata para obter fama a todo custo, enfim, atua sem critérios no mundo do crime. Por outro lado, o "bandido formado" reconhece as regras e respeita os trabalhadores – ele defende sua área ("santuário") e a moral dos trabalhadores. Zaluar aponta uma reviravolta nas relações de poder em Cidade de Deus, na qual uma hierarquia entre as gerações cede lugar a uma contestação dos jovens "revoltados" empunhando a "máquina" ou o "ferro" (2000).

70 "Ir pro arrebento" – bem como "ir pra decisão" –, em uma de suas acepções, a mais agonística, é uma expressão que define a atitude de se dirigir a um combate que pode ser fatal.

71 Tradução aproximada desse *provérbio* carcerário: O "bandidão", sempre acompanhado de seus comparsas, maltrata presos indefesos por toda parte. Ocorre que, na "cadeia", aquele que age assim provoca a

Crime e proceder **89**

Já os "lagartos" são aqueles que se seduzem pela força do "bandidão" e se deixam aliciar para a realização daquilo que ele decidir, contudo, enxergam a si mesmos como "caras que estão correndo lado a lado com os bandidão".[72] Dito de outro modo, o "lagarto" enxerga no "bandidão" um "autêntico ladrão" e a si mesmo como um "igual" – meus interlocutores dizem que "ninguém assume que é lagarto" –, ao passo que o "bandidão" afirma essa "igualdade" a ele, enxergando-o, no entanto, como "um esquema"[73] e como alguém para "segurar suas broncas" na cadeia[74] – do mesmo modo, "ninguém assume que é bandidão". Ocorre que, durante a expansão do PCC, um bando de "bandidões" ("fundadores", "pilotos" e "irmãos") encontraram recursos ("os lagartinhos") em abundância para montar um poderoso exército pronto a agir em conjunto, atendendo às suas recomendações. Desse movimento expansivo resultaram "cadeias" cujo "ritmo" desarticulou qualquer possibilidade de um "ladrão de verdade prevalecer pelo seu próprio proceder"; mais que isso, desarticulou o processo de engorda dos "bandidões" para o abate num momento propício. Iniciava-se um império de "bandidões", sustentados por milhares de "lagartinhos".

Diante de tal circunstância política, velhos "faxinas", "ladrões de verdade", presos que não aceitavam "se rebaixar" às

---

ira de outros. "Na melhor ora", quando não conta com a proteção de outros "bandidões", inevitavelmente encontra a morte, trazida por um preso enfurecido.

72 "Correr lado a lado [com alguém]" é uma expressão que indica movimento que se realiza pela própria vontade e não por causa de vontade alheia.

73 "Esquema", nesse caso, é aquele que é tolerado para ser um serviçal.

74 "Segurar a bronca [de alguém]" é o mesmo que se responsabilizar criminalmente por um ato cometido por outro.

"injustiças" de outros, viram-se em maus lençóis diante dos avanços expressivos do PCC. Alguns sabiam que movimentos de retaliação estavam a caminho, pois um ou vários de seus desafetos engrossavam as filas do poderoso PCC; certamente, já não contavam com a possibilidade de um "debate" para se "decidir" quem "estava pelo certo". Outros, receavam os avisos que anunciavam represálias àqueles que pretendiam "tirar o resto dos seus dias de boas"[75] – conduta irrepreensível até então, pois baseava-se em opções pessoais que não deveriam ser levadas em conta nas "decisões" sobre quem "tem" e quem "não tem proceder", agora era rechaçada como perniciosa e contrária ao "crime". Impunha-se um dilema para esses prisioneiros: enquanto "ladrões de verdade" que eram, jamais haviam cogitado a possibilidade de "correr para o seguro" diante de um iminente conflito, no entanto, sabiam que seus "inimigos", mais poderosos naquele momento, não se baseavam pelo "proceder certo", mas por diretrizes políticas tendenciosas. Não haveria "debates" dali por diante. Estavam, todos, implicados numa terrível "guerra". Nessa encruzilhada crucial, alguns "ladrões de verdade" mantiveram-se nos "convívios" onde estavam até o derradeiro instante em que "foram pra decisão" contra "caras do PCC", pois lhes era insuportável a ideia de deixar o "convívio" para um "bando de pilantras, de lixos" – não arredaram o pé até o instante em que já não possuíam forças para combater seus desafetos: morreram –; outros, entenderam que se nos "convívios" onde estavam não

---

75 Queriam terminar de cumprir suas penas sem envolvimentos com fugas, "acertos de conta", afrontas à administração etc., tudo o que poderia agravar suas penas. Conforme exposto acima, esse modo de conduzir a própria "caminhada" é considerado avesso aos empenhos em "quebrar cadeia" e em "bater de frente com a polícia".

se efetuava mais o "proceder pelo certo", chegava o momento de abandoná-lo, sem com isso considerar tal manobra uma busca por "esconderijo no seguro" – subvertia-se a concepção de "seguro" como um valhacouto, convertendo-o num território de recuo, onde se poderia reagrupar forças para um novo combate.

É importante ressaltar que, até esse instante, ainda não havia surgido o CRBC. Contudo, passava a existir uma experiência nova nos cárceres: "ladrões de verdade", por conta de atos que consideravam "injustos", passaram a "tirar seus dias" junto a presos que já compunham as filas do "seguro": estupradores, "caguetas", "noias" etc. Por volta de 1998, num desses territórios de recuo,[76] localizado na Penitenciária José Parada Neto – Guarulhos I (PJPN), unidade prisional então "dominada pelo PCC", cintilou a ideia de "fundar outro comando",[77] cujo propósito central era "tomar aquela cadeia

---

76 Estou levando a sério esse ponto de vista: o espaço em que estavam naquele instante não era um "seguro".

77 A essa altura já havia surgido o Comando Democrático da Liberdade (CDL), "fundado" por volta do ano de 1996 na Penitenciária Estadual Dr. Luciano de Campos, localizada em Avaré (SP) – um de seus propósitos centrais era combater as opressões entre presos. Durante minha pesquisa não tive contato com prisioneiros que estiveram em unidades "dominadas pelo CDL". Meus dados restringem-se às memórias de Jocenir. Segundo o autor, pouco tempo após sua transferência do Carandiru para Avaré, que se deu em junho de 1997, "(...) soube da existência de um comando, ou melhor, uma comissão de presos que se autodenominavam CDL (Comando Democrático da Liberdade), que atuava no intuito de não permitir arbitrariedades que viessem a comprometer a população do presídio. Tinham o apoio da direção, porém a maioria dos funcionários sentia-se desconfortável com o CDL. Funcionários e presos viviam em disputa pelo poder". Diz, também, ter presenciado confrontos entre presos que faziam parte do CDL e

e expulsar os vermes[78] dali", para então estabelecer e empregar uma política de "respeito a todos sentenciados".[79] Surgia o CRBC. A "guerra" foi inevitável. Entre 1998 e 1999, até mesmo no ano 2000, dezenas de vidas se apagaram num combate violento entre as duas forças.[80] O nascente "comando" saiu vitorioso. Restabelecia-se assim, pela primeira vez desde que

---

presos que faziam parte do PCC. Enfim, conta: "Os líderes do CDL me pediram para redigir o estatuto da facção, não tinha ninguém com capacidade para colocar no papel todas as normas e regras do movimento" (2001: 162-164).

78 Modo como os integrantes e aliados do PCC são chamados pelos presos de "cadeias do CRBC". Conota um modo de vida de prisioneiros baseado, principalmente, na extorsão de outros (relação "bandidão"-"lagarto").

79 Até mesmo os estupradores que, naquele instante, compartilhavam o território de recuo com os "ladrões de verdade", receberiam uma segunda (e última) chance para retomarem suas "caminhadas" no "convívio" das unidades que passassem à "liderança do CRBC".

80 Pretendo, em pesquisa futura, considerar as memórias sobre essa "guerra sangrenta". Gostaria de tomá-la como mote de conversa com "presos do PCC", "presos do CRBC" e funcionários que trabalhavam ali por essa época. Entendo que ela teve uma importância decisiva para o estabelecimento do atual jogo de forças entre prisioneiros e desses com a administração prisional. Três perspectivas: foi a partir desse terrível combate que Guarulhos I tornou-se a primeira alternativa conquistada pelo CRBC para restituir o "proceder pelo certo"; os "presos de cadeias do PCC" até hoje veem esse episódio como o signo efetivo da aliança entre CRBC e administração prisional, pois entre ambos um acordo de cooperação teria sido estabelecido desde então – "os polícia ajudaram os coisa a tirar o PCC de lá e eles não bate de frente com os polícia"; enfim, a administração prisional passou a contar com uma unidade mais "tranquila para administrar" e com um recurso territorial para transferir centenas de presos que permaneciam nos "seguros de outras cadeias do PCC".

o PCC havia se transformado na "facção" majoritária do "sistema prisional", um "convívio" no qual o único requisito para permanência era o cumprimento do "proceder". Assegurava-se, portanto, a "igualdade" entre os presos. Doravante, somente seriam "mandados para o seguro" os presos que falhassem no "proceder". A PJPN, agora sob os auspícios do CRBC, era o único refúgio às "injustiças do PCC", um lugar no qual não se poderia repetir as práticas de "opressão entre os presos".

"SEMI-SEGURO", "SEGURO", "SEGURO-DO-SEGURO"?

Enfim, o quarto e último entendimento é-nos colocado por presos que "foram para o seguro de cadeias do PCC" e, após conseguirem transferência para "cadeias do CRBC", viram-se novamente em situações marginais em relação à consideração majoritária acerca do que é o "certo". Já explanei o movimento desse entendimento, justamente quando relatei a inflexão que provocou em minha preocupação etnográfica. Devo, contudo, retomá-lo e alocá-lo neste quadro descritivo. Como havia pontuado, os presos que reuni nesse enunciado sentem suas posições marginais a partir de pontos diferentes do jogo de forças daquela unidade prisional "do CRBC". Uns ocupavam postos de trabalho exercidos próximo à administração prisional,[81] habitavam o "Raio 1" – "pavilhão de trabalho" – e não sentiam que as considerações que lhes eram direcionadas faziam-se em consonância ao princípio de

---

81 Para se ter uma ideia do que quer dizer esse "próximo", um preso pode obter emprego em oficinas localizadas no interior dos pavilhões, bem como em funções exercidas junto aos funcionários administrativos de uma unidade.

"igualdade" que os "líderes do CRBC" entendem pôr em prática. Outros habitavam "celas de evangélicos" e sentiam que suas conversões eram consideradas de dois modos: por um lado, aprovadas por "ladrões verdadeiros", por outro, questionadas por alguns presos que insinuavam terem eles "se escondido atrás da Bíblia". Finalmente, em situação limítrofe, dois deles habitavam o "seguro" daquela unidade:

Caderno de campo: 26 de outubro de 2007

Naquela semana, dois "seguros", percebendo que seu maior desafeto havia recebido o castigo de permanecer no "pote",[82] aproveitaram a primeira oportunidade que tiveram para

---

82 Já mencionei a existência de um espaço prisional chamado de RCD, cuja finalidade, entre outras, é abrigar os presos recém chegados na unidade. Tal espaço, pelo menos na PJPN, também cumpre as funções de resguardar os "seguros" e de isolar os presos que cometem falta disciplinar. Essa última função é chamada de "castigo" e as celas reservadas para tal função são chamadas de "pote": "No total, aquele RCD conta com treze celas postas lado a lado, sendo as oito primeiras de "seguro" (da 1 a 8) e as cinco últimas de "pote" (da 9 a 13). Pelo que eu sempre escutei, o "pote" e o "seguro" eram espaços quimicamente inaproximáveis, pelo simples fato de que, como nas histórias infantis (Tom & Jerry), o primeiro abriga o gato e o segundo o rato. 'É exatamente este o problema', concordou comigo o agente prisional. 'Esse é o maior problema que estamos tendo na Parada Neto', completou" (Caderno de campo: 26 de outubro de 2007). O próprio Pavilhão 5 do Carandiru, o mais famoso "seguro" do estado de São Paulo, quiçá do país, fornece-nos pistas interessantes para pensar nas engenharias espaciais que as administrações prisionais foram obrigadas a realizar no decorrer das décadas, pois, inicialmente, foi concebido para suplementar a pena dos "detentos periculosos": "O pavilhão 5 era uma cadeia dentro de outra cadeia. As muralhas cercavam o pavilhão, além das muralhas que cercavam a cadeia toda. Era um pavilhão de castigo e enfermagem. Ali

"grudar" (tomar como refém) o agente prisional que por ali cumpria seu plantão. Durante o seqüestro imploraram ao funcionário tomado como refém para que conseguisse obter suas transferências ao CDP II de Pinheiros, onde acreditavam que havia uma pequena possibilidade de continuarem vivos. "Por que o CDP II de Pinheiros? Lá não é do PCC?", indaguei. "Parece que só o [CDP] I. O [CDP] II parece que está tudo misturado", respondeu o funcionário.[83] Os dois "seguros", ao exporem seus pontos de vista durante a negociação de libertação do funcionário, disseram ter certeza que seu maior desafeto havia cometido intencionalmente um ato indisciplinar para sofrer o castigo do "pote", onde teria maior facilidade de "acertar contas" com eles (provavelmente fazendo o mesmo que eles fizeram, ou seja, "grudando" um funcionário, mas para obrigá-lo a abrir o seu "pote" e o "seguro" de seus desafetos). Imploraram, chorando, suas transferências para o CDP II de Pinheiros, mesmo tendo recebido como argumento, da parte dos funcionários que com eles negociavam, que em Pinheiros eles não conseguiriam permanecer

---

eram congregados os piores elementos da prisão toda. Um dos pavilhões mais perigosos da prisão" (Mendes, 2001: 340).

83   Essa resposta viria a se confirmar na vez posterior que ali estive, quando um diretor explicou-me que o CDP II de Pinheiros vinha se consolidando como uma cadeia "mesclada" (de facções e não-facções [entenda-se, presos "neutros"]), e, portanto, como o "maior problema, na atualidade, para a SAP".

vivos. Mas um inferno iminente já seria melhor que um inferno atual. Conseguiram obter a presença de um promotor (não sei se naquele momento) que cuidou de suas transferências. "O ato deles é de desespero", disse-me o funcionário. "O cara com medo é sempre o cara mais perigoso", completou.

Eu encontraria esses dois presos, cujos gestos de desespero eu havia ouvido falar, semanas depois (26/11/2007), quando retornei àquela unidade prisional para dar continuidade à minha pesquisa. Dei sorte, pois eles retornavam à unidade bem no instante em que eu tomava um café no saguão de entrada do prédio principal. Eles permaneceram um longo período ali, algemados um ao outro, enquanto os carcereiros decidiam o que fazer para assegurar suas vidas, afinal de contas, poucas semanas antes escaparam de um atentado no "seguro"; se não bastasse, vinham do "seguro" de outra unidade, onde levaram uma grande surra de outros presos durante aquela madrugada. Pude esperar o momento certo para aproximar-me. Estavam muito machucados, sujos e maltrapilhos. Suas roupas estavam completamente esfarrapadas. Na oportunidade pude trocar apenas breves palavras com eles, a contragosto do agente prisional que me acompanhava. Foi o suficiente para rebaterem a pergunta que fiz utilizando as correlações "ter proceder"-"convívio" e "não ter proceder"-"seguro": "os cara pode fala que eu não tenho proceder, mas eu sei do meu". Apesar de serem tidos pelos agentes prisionais como "presos das inclusões da vida", ou seja, como presos que já não podem adentrar nas unidades prisionais sem sofrerem represálias de outros presos, que os têm como "sem proceder", possuem uma força incrível, própria daqueles que *quase* não possuem território, para afirmar que têm sim "proceder", mais além, que esse atributo é objeto apenas de seu saber: "eu sei do meu".[84]

Mas que critério utilizei para agrupar esses prisioneiros num modo de entendimento que faz frente aos demais expostos nesse quadro descritivo? Eles entendem que a realização de um "debate neutro" é a condição *sine qua non* para que o querelante "sem proceder" seja derrotado diante das argumentações do querelante que "tem proceder". Do contrário, quando há interferências de grupos cuja força extrapola as outras que se reúnem no "debate", esse passa a servir meramente como um processo legitimador para o inevitável assassinato – ou exílio no "seguro" – do preso "inimigo". Nesse caso, todos já sabem, antecipadamente, que o preso "aliado" do poderoso grupo se sobrepujará ao outro querelante, que conta apenas "com seu proceder". Segundo esse entendimento, os "debates neutros" encontravam melhores possibilidades de realização "nas antigas", ainda que essa "época" não tenha sido um *continuum* de "justiça". No entanto, atualmente, as políticas dos "comandos", seja a do CRBC ou a do PCC – ainda que sobre esse último recaia a crítica mais severa –, deturpam as realizações de "debates",

---

84 Em meu Relatório de Qualificação cheguei a desconsiderar essa brevíssima troca de palavras, pois entendia que não tinha durado o suficiente para tornar-se um dado de pesquisa. É porque esperava, num diálogo mais prolongado, que eles dissessem ser "homens sem proceder" que viviam no "seguro"! Certamente, eu levava a sério demais o que me diziam os presos do "convívio", a ponto de fazer com que suas "verdades" obstruíssem esses breves ditos que colhia nos intervalos de minha pesquisa. Hoje, como se pode ver, considero-os decisivos para minha argumentação.

utilizando-os somente como fachadas para afirmar um suposto "proceder pelo certo". Meus interlocutores reunidos nesse entendimento, contudo, dizem não se deixar enganar por esse "falso proceder", pois nesses "debates" forjados já presenciaram, inúmeras vezes, operações que classificam como "dois pesos e duas medidas", um tratamento desigual direcionado para duas situações iguais: diante de um "aliado" que esteja devendo drogas e de um "humilde" ou "primário" que estejam na mesma situação, as chances desses últimos se safarem seriam muito menores do que as chances do primeiro. Enfim, por conta mesmo das interferências e manipulações que as "facções" provocam atualmente nos "debates", já não é possível contar com o "proceder certo" que separa, "pelo certo", aqueles que devem ir para o "seguro" por não "terem proceder" e aqueles que devem permanecer no "convívio" porque "têm proceder".

* * * * *

Estes são os quatro diferentes modos de reagir à pergunta "o que é o certo?". Em resumo, o *argumento* que atravessa os três primeiros entendimentos qualifica como "certo" as correlações "ter proceder"-"convívio" e "não ter proceder"-"seguro" efetuadas no seio do território donde fala o interlocutor interpelado, em detrimento das correlações operadas nos territórios "inimigos". Sendo assim, o acoplamento "certo" entre tal *dizibilidade* e tal *visibilidade* é aquele que é o mais "justo" possível e que, por conseguinte, garante "igualdade" moral, ou melhor, "igual" estatuto de "proceder" entre aqueles que "provam estar pelo certo" para manterem-se no "convívio"; fórmula que impede subterfúgios para que "presos sem proceder" permaneçam no "convívio", o que provocaria a instauração da "injustiça" e da "desigualdade". Já no quarto e último entendimento, cujo *argumento* funciona também como um recurso *genealógico* que inquiri os estratos em questão, as "políticas" das "facções" são entendidas como o subterfúgio principal que impede a garantia de "justiça" e, consequentemente, de "igualdade entre os presos". Disso advém o sentido da frase "as facções estão pelo errado"; e como por toda parte suas forças imperam, por toda parte estaria espalhado o "errado".

❊ ❊ ❊ ❊ ❊

Entendo que esses quatro modos de reagir à pergunta "o que é o certo?" se movem sobre uma região de batalhas que considero apenas parcialmente. Metodologicamente se deve dizer que suas dimensões poderiam se expandir ou retrair segundo a quantidade de conexões que o analista estabelece nela, ou seja, conforme ele pode ou deve colocar seus limites. Sem dúvida, nessa região de lutas poder-se-ia acrescentar outras reações à pergunta em tela, então apareceriam vozes de presos que se relacionam ou se relacionaram às políticas do CDL, do TCC, de "comandos" oriundos de outros estados da Federação etc. Os próprios policiais, agentes prisionais, diretores da SAP, possuem uma perícia singular para rebater as formulações dos presos quanto ao "proceder", à divisão "convívio"-"seguro", por fim, quanto ao "certo". Também seria possível multiplicar os quatro entendimentos descritos através da apresentação de zonas de congruência e de transladação que o território "das antigas" oferece aos presos de "cadeias do PCC", de "cadeias do CRBC" e "das inclusões da vida" – sem falar de aproximações relativas entre as argumentações desses três últimos territórios. Finalmente, poder-se-ia também subtrair qualquer ou todos os entendimentos contemplados. Não é forçoso dizer que a arte da análise é, por excelência, uma arte plástica. Por isso mesmo, essas observações não devem ser tomadas como indicações de *falta* ou de *carência* à extensão deste estudo, como um atestado de incapacidade para atingir a amplitude do *Real*. Antes, essa extensão singular, assim estabelecida – e somente assim estabelecida – permite o aparecimento de problemáticas que não se mostrariam de outro modo. Bastaria expandi-la minimamente para que, por exemplo, aparecessem alianças entre "comandos", alianças com o "Estado", preocupações mais detidas com a situação material dos cárceres, tecnologia (dos presos) empregada no cotidiano prisional e nas tentativas de fuga, narrativas sobre "fitas de mil grau" – roubos, assassinatos, rebeliões, fugas, etc. –, "homossexualismo", preocupações com o desemprego e várias outras linhas segmentares que embaralham os *pontos de vista* e fornecem outras posições de embate. Por outro lado, um pequeno retraimento dessa região de batalhas desativaria, por exemplo, a possibilidade de aparecimento desses jogos de conexão e de desconexão entre a *dizibilidade* "proceder" e a *visibilidade* "convívio"-"seguro".[85]

Não expandirei e nem retrairei a extensão estudada. Antes, voltar-me-ei sobre as sendas abertas por esses procedimentos *genealógicos* de constituição e de desconstrução de "verdades", conduzidos a partir da pergunta "o que é o certo?", de modo a encontrar os "caras" que se movem nelas, nas demarcações e remarcações do "proceder" e da divisão

---

85 Efetivamente, o método de escolha das linhas segmentares a serem consideradas é já um movimento de configuração do objeto estudado.

"convívio"-"seguro". Essa inflexão visa dar conta de um novo conjunto de problemáticas extraídas de meus interlocutores. Mais precisamente, meus esforços se dirigirão na direção das estratégias traçadas pelos "caras" que se encontram espalhados sobre a estratificação "proceder"/ "convívio"--"seguro", movendo-se entre as possibilidades dizíveis e visíveis estabelecidas.

O "SER LADRÃO"

Um singular modo de voltar-se sobre si mesmo

Certa vez, num bar próximo ao centro de Diadema (SP), conversava com um de meus interlocutores enquanto tomávamos um refrigerante muito gelado, sabor tuti-fruti. Naquela noite, de muito calor, eu estava um tanto entediado com relação às repetitivas conversas que vinha travando com vários interlocutores a respeito do "proceder". Vi-me ali, por um instante, alheio à obsessão com a qual eu conduzia meu estudo. Esgotamento em relação ao "proceder". Sem dúvida, naquela noite havia temas de conversa mais promissores e prazerosos. Estávamos às vésperas da consagração do São Paulo Futebol Clube, meu time do coração – meu interlocutor é santista –, como o campeão do Campeonato Brasileiro de 2007; na verdade, tratava-se de um bicampeonato! Além do mais, para mim, poucas coisas combinam tanto quanto uma conversa sobre futebol, um saboroso refrigerante e a presença de uma pessoa agradável. Mas nossos comentários sobre alguns jogadores "pernas--de-pau", nosso saudosismo para com um "velho futebol" e nossas lembranças (repletas de onomatopeias) sobre dribles incomparáveis, pouco a pouco pediam para acalmarem-se – não é que acabava ou cansava tal assunto. Segundos quase imperceptíveis davam passagem para outro tema de conversa. Ora, ora, por volta daqueles dias eu havia triunfado de modo incrível na última partida de uma longa rodada de poker (texas hold'em), na qual meus adversários eram alguns parentes afins. Após amargas derrotas, vi-me com uma quadra de 7 contra meu adversário que possuía um full house em Ás (trinca) e 7 (par). Foi exatamente sobre esse feito que eu passei a falar para meu interlocutor. Assunto de baralho puxa assunto de baralho (e de dominó)! Baralho, baralho: um dos antídotos contra o tédio na cadeia. Um potente acelerador dos ponteiros de relógio que, naquele lugar, teimam em operar lentamente.[1] Não teve jeito, lá estávamos nós falando novamente sobre a cadeia. Mas dessa vez, sobre jogos na cadeia.

Algo que me impressionaria muito, de modo duradouro, estava prestes a ser proferido pela minha companhia. Falo sobre sua formulação acerca de uma precaução que tomava em relação aos jogos de baralho. Nem problema com vício, nem problema com perda de dinheiro. Na verdade, um problema com "gritos" e com "falta de respeito". Meu interlocutor, na medida em que se mostrava um afeiçoado à tranca (canastra), mostrava-se completamente avesso ao truco. Tranca:

---

[1] "Tic, tac, ainda é 9h40, o relógio na cadeia anda em câmera lenta" (Jocenir e Mano Brown, 1998).

verdadeiro jogo do "silêncio". Truco: verdadeiro jogo dos "gritos". Uma correlação entre "silêncio"/ "respeito" e outra entre "gritos"/ "falta de respeito" por ele eram definidas. Mas tais correlações não estavam vinculadas a uma predileção pessoal de meu interlocutor por jogos silenciosos ou meramente a um traço idiossincrático. Sua resposta ao meu embasbacado "por que?" foi dada através de um olhar que mira o nada e de uma boca que fala baixinho: "A cadeia ensina. Vi muita quiaca de ladrão por causa desse jogo". Aversão ao truco; afeição à tranca. Na verdade, é a própria cadeia que tem aversão ao "grito" ("falta de respeito") e afeição ao "silêncio" ("respeito").

A sentença proferida por meu interlocutor provocara em mim um profundo desconforto. Isso porque, forçosamente, eu tentava encaixar as correlações "silêncio"-"respeito" e "grito"-"falta de respeito" sobre a diferença entre o que é "ter proceder" e o que é "não ter proceder" – clara tentativa de fazer vibrar uma partícula razoavelmente conhecida em outra que não se dava a ser vista. Não quero dizer que esse encaixe era totalmente impertinente... mas deixava escapar algo. Tive uma sensação súbita de que a atenção excessiva que eu direcionava ao "proceder" fazia minha pesquisa andar mal. Tudo muito veloz... e apenas em meus pensamentos. Ademais, as conversas paralelas no bar, as luzes dos carros que passavam na rua e o silêncio do meu interlocutor funcionavam como dispersores para minhas lucubrações. Já não conseguia mais conversar. Era tarde. Eu tinha que me adiantar, pois dependia de transporte público. Despedi-me de meu inestimável interlocutor. Segui andando até a divisa municipal com São Paulo, onde esperaria um ônibus para outro local da zona sul paulistana.

O diálogo com ele não parou por aí, obviamente. Voltaríamos a problematizar suas correlações. Na verdade, essa conversa arrastou minha pesquisa para outras considerações, de modo que, daí por diante, essa problematização foi envolvida nas conversas que tive com outros interlocutores. *Quais jogos de força estão em exercício para fazer funcionar o enunciado, segundo o qual, a cadeia tem aversão ao "grito" ("falta de respeito") e afeição ao "silêncio" ("respeito")?*, era um questionamento que me movia desde então e que passou a estar imbricado nas conversas travadas em campo. Numa das ocasiões em que estive com meu interlocutor de Diadema, ele estabeleceu uma relação direta entre o "silêncio" da tranca e aquilo que é conhecido em campo por "ser humilde" – um estado de existência positivamente considerado quando se diz que alguém "tem proceder". Por consequência, estabeleceu uma relação direta entre os "gritos" do truco e aquilo que é conhecido por "ser bandidão" – um estado de profunda ausência de "humildade". Outros interlocutores rechaçaram essas relações, dizendo que a diferença entre os jogos de baralho em questão não correspondia à diferença entre "ser humilde" e "ser bandidão". Sem dúvidas, ambas concepções têm seu valor positivo para o antropólogo; não é o caso de apontar qual delas é a mais verdadeira.[2] O que mais importava, a partir das considerações de meus interlocutores, incluindo o cidadão diademense, era que os termos "respeito" e "ser humilde" possuíam um amálgama bastante sólido, o mesmo se

---

2 Essas discordâncias serão discutidas mais adiante.

dando entre os termos "falta de respeito" e "ser bandidão". O jogo de truco e o jogo de tranca, na verdade, eram apenas ocasiões em que se podia deflagrar a acusação de que "o cara não tem respeito, ele é muito bandidão", bem como o reconhecimento marcado pela expressão "vixe, o cara é sem palavras, mó respeito; humildade 100%".[3]

Antes que eu passe a falar sobre as noções "ser humilde" e "ser bandidão", preciso dizer que faltava uma chave, ou melhor, uma excisão para ligar esses dois estados existenciais às minhas considerações acerca do "proceder" e da divisão "convívio"-"seguro", afinal de contas, do mesmo modo que "ter proceder" não é sinônimo de "ser humilde", também não há relação de sinonímia entre "não ter proceder" e "ser bandidão". São coisas atreladas, porém distintas. Tal chave não seria obtida sem que minhas considerações torcessem-se ainda mais. Isso porque, se por um lado eu começava a ver jogos de conexão e desconexão entre o "proceder" e a divisão "convívio"-"seguro", conforme os sujeitos considerados variavam entre "aliados" e "inimigos" (respectivamente), por outro, eu ainda via nesses jogos conectivos-desconectivos – as próprias produções de "verdade" – apenas afirmações e negações de consonância a um *corpus* de regras razoavelmente dado. O "proceder" seria, então, somente um compêndio de regras; nas variações de ponto de vista apenas se subtraiam ou se adicionavam regras. Efetivamente, eu ainda via o "proceder" como uma espécie de *direito* e, por conseguinte, via nos presos distribuídos sobre sua extensão apenas

---

3   Aproximadamente, o mesmo que: *Nossa, ele é incrível, possui muito respeito; sua humildade é imensa.*

conformidade e não-conformidade a leis. Tudo se passava como se meus interlocutores se resumissem a seres que se dividem entre cumpridores e não-cumpridores de leis.[4] Mas isso se mostrou um tremendo reducionismo, pois, as noções que conotavam estados de existência alheios à questão das regras, tais como "ser humilde" e "ser bandidão", entre outras, não encontravam lugar na análise. Contra o meu quadro analítico, que descrevia os presos enquanto sujeitos preocupados estritamente com suas próprias submissões a um conjunto de leis estabelecidas (espécie de subjetivação jurídica), meus interlocutores interpolavam autodescrições poderosíssimas que impunham apreciação: "não é questão só de regra, chapa, tem que ser humilde com os irmão de sofrimento"[5] ou

---

4   Há dois problemas fundamentais nessa acomodação conceitual. O primeiro, externo à minha etnografia, é que já se gastou bastante tinta para afirmar que o próprio Direito não se resume a uma redoma de leis positivas. O segundo, um problema antropológico, é a insistência na busca de *instituições similares* em outros regimes de relação. É por isso que se fala tanto em "Estado-paralelo", "Tribunal do crime", "Linguagem de preso" etc. Enfim, se não se deve tomar o Direito sob o signo estrito da *lei* (primeiro problema), menos ainda deve-se tomá-lo como modelo para pequenos direitos circundantes – o significante operado no pluralismo jurídico, por exemplo (segundo problema). Decisivamente, é preciso considerar o "proceder" sem os tradicionais vieses jurídico-estatais, para não se tornar um analista estatal a observar as degenerescências (ou exotismos) de um mundo não-oficial.

5   "Chapa", nesse caso, é uma alternativa ao nome da pessoa com quem se conversa; por exemplo, quando se cumprimenta um amigo: "laí, Davi ("chapa"), tudo certo?". Existem mais alternativas que cumprem a mesma função: "mano", "véio", "maluco", "sangue", "sangue-bom" (ainda bastante comuns), "irmão" (talvez menos usada, hoje, por conta do significado que tem para os coletivos prisionais), "xará" (bem menos comum atualmente).

"tem maluco que é muito bandidão; ele não vai se fudê porquê atravessou a conversa de ladrão; esse milho vai ser só o pezinho que os ladrão tava esperando pra intimar o cara".[6] Claras advertências contra o reducionismo decorrente do Significante jurídico-estatal *Lei*, incrustado em minha análise. Era preciso remover essa impregnação. Mas essa operação não implica dizer, em absoluto, que as regras e condutas não sejam valiosíssimas para meus interlocutores. Não é disso que se trata. Não são elas que devem ser arrancadas, mas a palavra *estritamente*, presente na formulação *sujeitos preocupados estritamente* (posta acima), bem como a acomodação *conjunto de leis estabelecidas* (também utilizada acima). A primeira excisão é necessária, pois, sem dúvidas, se trata de um ponto final imposto pelo Significante. Contra ele é preciso deixar passar as autodescrições de meus interlocutores, afinal de contas, eles dizem não se preocupar apenas com regras e condutas, mas também com "se manter na humildade", "não dar uma de bandidão" etc. Mais que isso, dizem que não basta cumprir regras estipuladas para se "ter proceder" e "ficar no convívio". A segunda excisão é necessária, pois já era tempo de dizer que o "proceder" é mais, e ao mesmo tempo menos, que um compêndio escrito ou não escrito de regras e condutas impostas.

---

6   Nessa frase, um interlocutor apresentou um caso hipotético para se opor à minha insistência com relação às regras. Alguns esclarecimentos para obter uma tradução aproximativa: "tem maluco" por *tem cara* (pessoa); "se fudê" por *se dar mal* (ainda que seria melhor manter o popular *se foder*); "atravessar a conversa de ladrão" se aproxima de *entrar na conversa sem ser chamado* ou *não pedir licença para entrar na conversa*, um comportamento comumente reprovado, contra o qual, muitas vezes, se diz ser uma "falha no proceder"; "esse milho vai ser só o pezinho" por *essa falha servirá apenas para ceder oportunidade*.

De modo mais incisivo, já era tempo de afirmar que o "proceder" não se trata de um *Código Jurídico* que possui definição sistemática acerca do que pode (permitido) e do que não pode ser praticado (proibido), tampouco uma fixação ordenada das condutas convenientes.

Mas então, o que é o "proceder"? Trata-se de uma *dizibilidade* que, em pressuposição recíproca com a *visibilidade* "convívio"-"seguro", forma as condições de possibilidade de um dizer-verdadeiro e de um ver-verdadeiro, nos quais as implicações de regras e condutas correspondem somente a uma pequena (às vezes, ínfima) parte. O "proceder" não é *direito*. Antes, é possibilidade de dizer que o "certo" é "ter proceder" e que o "errado" é "não ter proceder", que uns "têm proceder" e que outros "não têm proceder". Estamos diante de uma possibilidade enunciativa que oferece um solo propício para o travamento de lutas pela "verdade": "eu tenho proceder", "esse safado não tem proceder", "nóis que tá pelo certo", "esses lixo não corre pelo certo". Mas sobre esse solo, justamente por ser propício ao embate, as preocupações quanto a "sempre agir na humildade" e "nunca pagar de bandidão"[7] são estratégias imprescindíveis para evitar confrontos desnecessários. É

---

7   O verbo "pagar" é um dos mais polivalentes na prisão. Nesse caso, para traçar uma tradução aproximada, não consigo outra substituição senão através da expressão popular *dar uma*. Ela é usada quando, por exemplo, um estagiário *dá uma de* patrão. É interessante notar que essa expressão funciona no sentido de aclarar uma falácia e de dar a entender que a situação comentada não acabará bem. Isso revela muito para o caso "pagar de bandidão". Diz-se que, nas cadeias, um "bandidão" sempre encontrará "outro cara mais bandidão que vai fazer ele ficar pianinho", ou seja, que fará ele perder todo o ímpeto até então demonstrado. Em síntese, esse sentido de "pagar" é mesmo perfeito

precisamente aqui, quando nos defrontamos com presos cautelosos movendo-se sobre um plano de perscrutação de "verdades" – proferidas, eventualmente, contra suas vidas –, que se delineia o modo como os estados de existência em questão se ligam às minhas considerações acerca do "proceder" e da divisão "convívio"-"seguro".

Abre-se à observação, com efeito, uma instância de experiências que não se confunde com a estratificação "proceder"/ "convívio"-"seguro", mas que tampouco pode ser considerada sem ela. Melhor pensar (topologicamente) que se passa sobre ela, isto é, sobre as possibilidades de ser tido como um "cara de proceder" ou como um "pilantra", um "safado", um "cagueta", mas também sobre as possibilidades de dizer que um desafeto é "duque-treze", "pé-de-pato", "noia", ou de dizer que um parceiro é "sangue-bom", "sujeito-homem", "pedra noventa", um "cara firmeza". Falo de uma instância na qual os presos voltam suas atenções sobre si mesmos, cautos quanto a uma disposição específica e quanto a um equilíbrio singular para a condução de suas próprias vidas. Por um lado, nas picadas de suas "caminhadas" (sempre avaliadas por outrem), uma disposição específica entre o que se entende por "ser humilde" e aquilo que se entende por "ser cabuloso" – como se verá, "ser bandidão" é o resultado da exacerbação desse último vetor. De outro, em seus próprios seres, um equilíbrio singular entre "humildade" e *cabulosidade*.[8] De fato, o que

---

para se referir ao estado existencial "bandidão", já que sempre há uma espécie de fatalidade a caminho daquele que "paga de bandidão".

8   Meus interlocutores não utilizam esta substantivação do atributo "cabuloso".

está implicado nesse volver-se sobre si mesmo dos presos é um particular modo de se constituir e de se reconhecer como sujeito de preocupações, de precauções, enfim, de estratégias. Em suas miras, concomitantemente, o cuidado para não serem "humilde demais" – beirando o estado de existência daqueles contra quem se diz serem "sem disposição" – bem como para não serem "cabuloso pra caraí"[9] – beirando o estado "bandidão". Em suma, esse singular modo de voltar as próprias atenções sobre si mesmo, caracteriza um particular modo de existir: "ser ladrão".

"Humildade" e *cabulosidade*

"Ser ladrão", aqui, nada tem a ver com uma classificação jurídico-penal embasada nos famigerados artigos 155 (furto) e 157 (roubo) do Código Penal. "Ser ladrão", precisamente, tem a ver com dispor a própria "caminhada" segundo um arranjo inequívoco (às considerações de outrem) de "respeito", "conduta" e "atitude", além de "humildade" e *cabulosidade*. Mas então, o que são esses dois valores? O "cabuloso" é justamente aquele que "não leva psicológico" e que, por conseguinte, é capaz de "entrar na mente" de outro. "Dar um psicológico", expressão de meus interlocutores que serviu de título a uma comunicação (Marques, 2007), conota a capacidade de um indivíduo em produzir cautela ou receio (no limite, medo) num outro com o qual se relaciona, seja através de palavras, de gestos ou de atitudes. Num certo sentido, "dar um psicológico", sempre num outro, já que se trata de uma relação, é tentar pô-lo na condição de sentir-se

---

9   "Pra caraí" – contração de "pra caralho" –, como parece claro, indica intensidade: *muito, bastante*.

"pelo errado" (ou "sem proceder"). Nesse jogo de forças as táticas devem abarcar, simultaneamente, modos de defesa "da própria mente" e modos de ataque à "mente" do desafeto. Dos modos de defesa nos é dado a vislumbrar aquilo que os presos chamam de "blindar a mente", efetuação de bloqueios necessários para assegurar a proteção contra os "psicológicos" dos desafetos. Essa blindagem contra os desafetos encontra ressonâncias, ainda que diferenciais, na *tranquillitas* – calma interior positiva – e na *securitas* – armadura de proteção dirigida contra o exterior – descritas por Sêneca (Foucault, 2006a: 79-80; nota 18). Entretanto, essa tecnologia não se resume a "blindar a mente", já que há um sentido preciso nas táticas de ataque: "entrar na mente do cara". Há, portanto, para além das muralhas de proteção da "mente", um armamento, uma espécie de *aríete* (antigo aparelho de guerra utilizado para arrombar muralhas ou portões) empregada para romper a fortaleza-"mente" do "inimigo".

O "humilde", por sua vez, deve ser entendido exatamente como aquele que "não humilha os humildes". É aquele que reconhece e mesmo assim não "abusa" das suscetibilidades a que estão submetidos os presos que não se outorgam "ser ladrão" e que, por isso, não se dão à consideração de outrem – correndo os riscos dos embates – acerca dessa possibilidade: "Sempre fora mais amigo dos pequenos e humildes. Gostava de orientá-los quando chegavam ao Instituto [para Menores de Mogi-Mirim]. Tinha pena do ostracismo a que eram submetidos, quando não conhecidos" (Mendes, 2001: 183).[10] É aquele que, confiando-se "cabuloso", não "explora",

---

10 É imprescindível sublinhar que esse jogo de atribuições varia conforme os pontos de vista. Um "ladrão" que diz "respeitar os cara humilde"

nem "exturqui", nem "estupra", nem "mata" aqueles que não estão dispostos a defenderem-se quando o preço da batalha pode ser a própria vida. É aquele que refreia a própria capacidade de ataque intrínseca à sua *cabulosidade* quando o que está em questão não é a própria "honra", mas a obtenção de vantagens "nas costas de humildes". Em suma, é aquele que não se faz "cabuloso" às custas de "humildes". Justamente por conta dessa inclinação para não se servir da própria pujança diante dos "humildes" é que ele vem a ser considerado, também, um "humilde". Tal inclinação encontra eco num ditame prosaico dos prisioneiros: "não ser covarde".[11] Mas também num preceito explícito: "(...) a gente prega muito a humildade e o caráter" (Du Rap & Zeni, 2002: 172). Como se pode ver, isso nada tem a ver com passividade, absolutamente. Trata-se de atividade. Implica numa potência. Ou, ainda, implica não efetuar uma potência – o que já é uma potência. Habilidade ímpar para estabelecer-se como "igual" ao mais "humilde".[12]

---

e, portanto, "ser um cara humilde", pode ser assim considerado por outrem; mas também pode ser tido como um "coitadinho" ou até mesmo como um "bandidão". Quanto aos presos "humildes" que ele diz "respeitar", podem ser considerados "humildes" mesmo, ou como "ladrões de verdade", ou, ainda, como "bandidões". Outro ponto a ser destacado é que esse jogo de atribuições funciona entre os presos do "convívio", ou relacionados ao mesmo "comando", a depender do período analisado. As "humilhações" contra presos do "seguro" não impõem problema para essa ética.

11   "(...) existe na Casa de Detenção um código de honra que possibilita àquele detento mais humilde e debilitado a proteção dos mais fortes e influentes" (Jocenir, 2001: 21).

12   Como se pode notar, a refutação da existência dessa habilidade nas relações sociais dos "inimigos" é um traço significativo que atravessa

Crime e proceder 115

Foto de Adalton Marques[13]

Disso tudo decorre que, "ser ladrão" não se resume simplesmente ao cumprimento burocrático de regras prescritas. Não basta cumpri-las para ser considerado um "cara de proceder" e permanecer no "convívio" com os "ladrões", tampouco o seu descumprimento já seria suficiente para receber a pecha de "cara sem proceder" e a decretação da própria morte ou de exílio no "seguro".[14] Segundo meus interlocutores,

---

parte considerável da história recente dos prisioneiros em São Paulo (ver Cap. 1).

13 Captei essa imagem ao passar por uma favela da zona leste de São Paulo.

14 É aqui, precisamente, que qualquer análise jurídica (como a tão forte voga do pluralismo jurídico) revelaria toda a sua ineficácia. A questão não é um, dois ou três direitos. O que importa é a jurisprudência: um nome jurídico para relações de força. É dessa mirada analítica que o direito reencontra o lugar ontológico donde não devia ter saído (nem para *origem* nem para a *finalidade*): o *meio*. Cf. Deleuze (1992: 209-210).

muitas vezes um preso "pede seguro" por não suportar o "psicológico" de outro preso, sem, no entanto, estar errado na questão discutida. Um interlocutor (ex-presidiário)[15] com o qual travei diálogos durante minha pesquisa de graduação, relatou-me que falou a seu irmão, que estava preso[16] e envolvido num litígio com outro preso, para não pedir transferência de cela, pois mesmo que estivesse "pelo certo" (em consonância com o "proceder") seria "cobrado" por não ter permanecido na cela e enfrentado seu desafeto (Marques, 2006: 54). Há mais que uma observância às adequações, o que não significa dizer que as "mancadas" não sejam contadas. Costuma-se dizer, quando se está na iminência de abrir um embate contra um desafeto, que se está aguardando um "pezinho" dele, ou seja, que se aguarda um pequeno deslize ou falta para atacá-lo. Contudo, uma contabilidade dos deslizes não seria suficiente para contar essa história! É preciso, portanto, considerar essa tecnologia singular da "mente", cujo maquinário é constituído por uma locomoção num gradiente ontológico de extremidades opostas: em um extremo, a "humildade", noutro, a cabulosidade. Ou melhor, contar essa história implica observar os acontecimentos em que se efetuam esses modos de proteger a própria "mente" ao mesmo tempo em que se estoura a "mente" alheia, ou de resignar a própria potência de destruição diante de um "humilde"; efetuações essas que nunca ocorrem sem as considerações de

---

15   Este interlocutor esteve preso em duas ocasiões durante a década de 1990, em cadeias não "dominadas" majoritariamente por facções.

16   Nesta ocasião, no ano de 2005, seu irmão estava preso no CDP de Parelheiros, cujo "comando" pertencia ao PCC.

outrem (sejam daqueles que intervêm nesses embates, sejam daqueles que simplesmente – o que não é pouco – avaliam as investidas ou as resignações).

Vejamos, de início, e a título de exemplo, um acontecimento que modificaria profundamente a vida de Luis Alberto Mendes, ocorrido por volta de seus dezenove anos, mais ou menos em 1972, quando havia retornado ao Carandiru e recebido um encaminhamento para o Pavilhão 8, "onde eram lotados os presos reincidentes". Nele podemos entrever o desdobramento de momentos cruciais que poderiam levar Mendes a se tornar (variar, portanto) "mulher" de seu desafeto, ou "seguro" por medo do embate, ou, ainda, um morto por conta da fraqueza de suas forças. Deixo-lhe a prerrogativa de contar a própria história, já que, como se verá, eu não poderia realizar tal tarefa de modo tão brilhante:

> Meu problema atual era o Toninho Magrelo. Seus olhos me acompanhavam jocosos e gulosos. E sempre que podia, se insinuava, dizia que eu era bonito, vivia me elogiando, como se eu fosse uma bicha ou um garoto. Várias vezes me convidou para morar em seu xadrez. (...) Aquilo foi se tornando insuportável e insustentável. Tentei me esquivar, tentei evitar e, sem querer, cada vez mais cedia terreno à fatalidade. Chegou a um ponto que meus camaradas começaram a me evitar. O sujeito era realmente perigoso, e ninguém queria se interpor à pressão que ele foi imprimindo sobre mim. Eu precisava me manifestar. Era a lei do crime. (...) Quando

me insurgisse contra o agressor, então receberia apoio. Se aceitasse o seu domínio, então seria desprezado, esquecido. Nunca mais poderia levantar a voz para malandro algum. Ele sempre poderia me humilhar, jogando-me na cara que eu já fora montado por alguém. E eu teria que calar, baixar a orelha, porque esse era o costume, o código criminal[17] (2001: 409-410).

A exposição desse "problema atual" que Mendes enfrentava, deixa-nos entrever que Toninho Magrelo, abertamente, lançava-se com a intenção de fazê-lo "mulher". Queria "montá-lo". Incisivamente "meteu-lhe o psicológico", sem atenuar seus 19 anos e o fato de ter acabado de chegar àquele Pavilhão. Enxergava-o como um preso a ser "dominado" facilmente; não lhe reconhecia "cabuloso". Quanto ao próprio Mendes, mostra-se consciencioso a respeito dos agravantes cravados nessa conjuntura política: se "aceitasse o domínio" de Toninho Magrelo, assim como o Juninho aceitou o domínio de outro preso (cf. nota 17), não comporia mais as filas dos "caras de proceder". Aliás, seria arrancado da estratificação "ter proceder"-"não ter proceder", bem como da estratificação "convívio"--"seguro". Passaria a "ser mulher do Toninho Magrelo", o

---

17 Acerca de um rapaz que morreu, Mendes diz: "Soube, posteriormente, que o Juninho era garoto do sujeito que o matara. (...) E morreu apenas porque discutiu com o sujeito e, quando este lhe bateu, ele revidou. Pela lei da cadeia, ele teria que apanhar e se calar, não possuía moral para poder revidar" (Mendes, 2001: 341).

que já é uma outra *territorialidade* – essa condição já não se confunde com "não ter proceder", nem com "estar no seguro". Uma vez aí, teria de aguentar as "humilhações" impostas por "seu francha".[18] Caso saísse de seu jugo, seja por viuvez ou por desquite, se ousasse retornar à estratificação da qual foi arrancado, teria de aguentar as "humilhações" advindas dos demais presos, que "jogariam em sua cara" o fato de "já ter sido montado por alguém".

Nas investidas de Toninho Magrelo – seus sucessivos "psicológicos" –, Mendes viu-se relativamente isolado. Seus "camaradas", é razoável dizer, viam no algoz uma força--"perigosa", uma exacerbação de *cabulosidade* que Mendes não poderia conter; talvez, viam-se a si mesmos imiscuídos na fraqueza que viam em Mendes. Ora, seu isolamento deriva justamente dessa fixação de sua fraqueza diante do "perigoso" Toninho Magrelo, efetuada nos pontos de vista de seus "camaradas". A essa altura Mendes já sabia que precisava "tomar uma atitude", mas:

> (...) Não encontrava coragem para enfrentá--lo. Julgava poder ir administrando até que algo acontecesse. Se eu questionasse, o enfrentasse, decerto ele tiraria a máscara da cordialidade e me daria uma decisão. Era destemido, não acreditava nas minhas forças nem numa reação de minha parte. Julgava-me fraco e pequeno, não acreditava que pudesse feri-lo seriamente (2001: 409-410).

---

18 "Francha" é o mesmo que *marido*.

Mas algo aconteceu, e o instante em que não seria mais possível "ir administrando" chegou. Mendes caiu num "xaveco-da-julia"[19] e entrou numa cela onde esperava encontrar o Coroa, seu "camarada". Ao invés do "aliado", encontrou Toninho Magrelo, no mesmo instante em que o ferrolho da porta daquela cela era trancado pelo lado de fora. Ele que tanto se comoveu com as "patifarias" cometidas contra "presos humildes", que tanto sentiu compaixão por aqueles que sofriam nas mãos de "malandros de cadeia",[20] agora se via diante de um algoz extremamente "cabuloso", um preso demasiadamente "apetitoso" e completamente despreocupado em relação ao ônus penal decorrente de um assassinato. Seu "inimigo" saia de trás da cortina de uma das camas. Estava tudo armado. Armadilha:

> (...) [Toninho Magrelo] colocou a faca na mesa e, com a maior arrogância, afirmou que eu teria que matá-lo ou deitar na cama com ele. (...) Claro que confiava que, se eu pegasse a faca, a tomaria de mim com facilidade. (...) O que ele não contava era com a loucura de quem se sente acuado. (...) Fingi mais medo do que realmente tinha. Dei confiança

---

19 "Xaveco-da-julia" é uma história falsa, estrategicamente contada para instalar uma armadilha.

20 Para uma definição do próprio Mendes, "malandro de cadeia" é aquele que na "(...) rua é um pé-de-chinelo. Na cadeia, escuda-se na violência extrema, pois a liberdade não lhe é importante" (2001: 407). Diferentemente do "malandro da linha" ou "malandro autêntico", o "malandro de cadeia" faz-se despreocupado em relação ao aumento da própria pena. Deste modo, não mede consequências para tirar o máximo de proveito daqueles que não estão dispostos a matar ou morrer.

de domínio a ele. E, assim, afastou-se da faca (...). *Sabia que aquele talvez fosse meu último pulo, a última defesa, se não desse certo, ou não viveria mais ou não seria mais o mesmo. Era preciso dar todo o gás à máquina de destruição em que me transformara.* Pulei na faca já empunhando-a, quando ele avançou num passo de capoeira, já a recebeu na boca do estômago (Mendes, 2001: 417; grifo meu).

Mendes o matou; furou-o consecutivamente. Junto com a morte de seu "inimigo" exterminou todas as possibilidades que, naquela ocasião, abriam-se para fazer com que ele "não vivesse mais" ou que "não fosse mais o mesmo". Nem aceitar morar no mesmo "barraco" de Toninho Magrelo ou aceitar o seu "domínio", o que implicaria tornar-se sua "mulher", nem "pedir seguro" à administração prisional. Junto com a morte desse desafeto restituiu a possibilidade de continuar a "ser o mesmo": um "malandro de linha". Um "autêntico ladrão" que não se entrega diante das ameaças de seus "inimigos" e que, além do mais, é capaz de caminhar até o derradeiro episódio em que a garantia da própria vida depende somente das forças que conseguir empregar para aniquilar as forças opostas. Mendes reforçou sua própria *cabulosidade* quando "deu todo gás à máquina de destruição em que se transformara". Incrível "disposição" para vencer o próprio medo. Espantoso "apetite" para derrotar uma força-"forte" com uma força-"fraca". Desse episódio confirmou uma máxima da cadeia: "O mal de todo prepotente é subestimar o oponente" (Mendes, 2001: 417). Poderíamos estender: é desse mal que sofre o *bandidão*.

A "honra" ou a "moral" de Mendes é apenas um ponto no meio da constelação de fortalezas defendidas a custo de sangue por prisioneiros. "Se o cara quiser tirar a sua moral, cê tem que tirar a vida dele, não tem acerto" (Du Rap & Zeni, 2002: 172).[21] Por conseguinte, nesse perigoso diagrama de "mentes" em prontidão para a batalha, qualquer afronta ao "inimigo" pode fazer soar as trombetas que anunciam o combate: "é uma palavra – uma palavra vale a sua vida. Você assina seu atestado de óbito na hora se você mandar o cara praquele lugar ou xingar a mãe do cara" (Du Rap & Zeni, 2002: 172).[22]

Talvez agora estejamos diante dos jogos de força que se desempenham sobre o enunciado *a cadeia tem aversão ao "grito"* (*"falta de respeito"*) *e afeição ao "silêncio"* (*"respeito"*) – saber propedêutico às precauções de meu interlocutor diademense com relação aos jogos de baralho. "Gritar" ou "faltar com respeito" é se abrir para uma possível retaliação inimiga; é "dar um pezinho" que pode suscitar investidas de um oponente; é dar-se ao perigo de se extinguir ou de sentir a variação do próprio estatuto ontológico. Nessa direção, podemos considerar uma possibilidade extremada, profundamente perigosa.

---

21 Certa vez, um interlocutor disse-me que um juramento de morte deve ser cumprido pelo ameaçante – em algumas conjunturas, quando autorizado pelo "debate" – caso contrário ele entra em "desonra", podendo ser transferido para o "seguro" ou até mesmo morto pelo ameaçado ou por um novo ameaçante (Marques, 2006: 18).

22 Rememorando sua passagem pelo Instituto para Menores de Mogi-Mirim, ao final da década de 1960, diz-nos Mendes: "Xingar a mãe era a ofensa mais grave ali. A mãe era nossa honra, e era preciso defender seu nome a todo custo. Exigia atitude extremada, sob pena de o ofendido ser desmoralizado e desprestigiado, caso não reagisse com a violência necessária" (2001: 176).

Crime e proceder **123**

Aquele que se locomove inconsequentemente até a extremidade-*cabulosidade* do gradiente ontológico maquínico da "mente", dando-se o quão máximo puder como "bandidão" às considerações de outrem, abre-se, proporcionalmente, aos ataques enfurecidos das fortalezas aviltadas. A *atualização* de tal possibilidade se efetivou diversas vezes nessa história das relações entre prisioneiros. Fiquemos apenas com um exemplo recente, do acender das luzes desse século: "Houve um bafafá grande no Pavilhão IX. Chegou um bandido famoso da rua, querendo mandar. Durou pouco, já morreu de facada" (Rodrigues, 2002: 63).[23]

E tudo isso já faz parte de *uma* história relativamente "antiga": "Era ponto de honra matar quem abusasse" – diz-nos Mendes, rememorando a sua turma que se reunia na Praça da República em meados da década de 1960 (2001: 74-75).[24] Mais

---

23 Esse relato de Rodrigues sublinha a aversão que os presos têm das relações de mando, e já seria suficiente para impor reavaliação às investigações jurídico-policiais, bem como às matérias jornalísticas, que insistem em aproximá-las das atividades efetuadas pelos "líderes" nas prisões paulistas. Essa aproximação entre *mando* e "liderança", pressuposto axial da figura doutrinária – pois ainda não possuímos qualquer definição jurídica constante em nossa legislação – *crime organizado*, vem autorizando a ampliação e o enrijecimento das penas cumpridas por centenas de presos. Em outra ocasião, problematizei com profundidade essa aproximação, utilizando a tomada de depoimento de Marcos Willians Herbas Camacho (Marcola) – acusado de ser o "líder máximo do PCC" – pela Comissão Parlamentar de Inquérito do Tráfico de Armas como *motivo* para delinear meus dados etnográficos sobre o "proceder" e sobre as relações políticas entre prisioneiros de unidades prisionais do Estado de São Paulo (Marques, 2010).

24 "Quase todos haviam passado pelo juizado de menores, no grupo, seguiam-se as regras de lá. Eram constantes brigas de canivete ou faca.

que isso, atravessa os "ideais" sobre "malandragem" de uma
época – cujas ressonâncias se verificam até hoje:

> Malandro possuía moral engessada, com um
> sentimento fortíssimo de honra. Havia até
> uma fidalguia, uma nobreza em certos ma-
> landros. Acreditavam em duelo a bala ou a
> faca por questões de moral e honra. (...) Esse
> era o ideal de ser malandro, com muita moral
> e honra inatacável, defendida com a própria
> vida, em nosso meio (Mendes, 2001: 251-252).

Por outro lado, "guardar silêncio" e "manter o respeito" para com os demais parecem ser importantes antídotos,
ainda que não infalíveis, para não se abrir ao ímpeto alheio,
mas também para estabelecer-se como "igual" entre os "humildes". Esses comedimentos parecem sinalizar uma locomoção no sentido da extremidade-"humildade" desse maquinário. Também não é incomum a *atualização* da possibilidade de permanecer imóvel (aos olhos de outrem, sempre)
no centro desse gradiente ontológico: "tem cara que é mó
humildade; mas se embaçar na dele, o bicho pega".[25] Esse

Se o pivete apanhasse, mas apanhasse brigando, batendo também, era
considerado malandro, se apanhasse e se acovardasse, logo outro estaria batendo nele, e mais outro. Até virar menina, passando a pertencer
a alguém ou a todos. (...) Alguns dos menores e mais fracos só o eram
fisicamente. Sempre acontecia de aparecerem grandões esfaqueados,
baleados ou mortos. (...) Havia até troca de tiros. Quase todos possuíam armas" (Mendes, 2001: 61).

25   "Mó", que é uma abreviação de *maior*, no caso em questão funciona
como um advérbio intensificador (*muito, bastante, bem, imensamente*).

fulgurar específico na "prisão" parece sempre suscitar admiração e reverência em outrem:[26]

> No dia seguinte, o novo preso estava sentado a um canto da cela; era um rapaz novo, aparentando no máximo trinta e cinco anos, loiro, de aspecto saudável, estatura média, simpático e reservado. Seu nome: José Reinaldo. Estava discretamente conversando com um companheiro que todos já respeitavam por ser um famoso ladrão de bancos. Logo ficaríamos sabendo que a prisão do recém-chegado seria considerada o "Troféu do Ano" no Depatri:[27] só em 1999, ele foi acusado de haver roubado mais de 5 milhões de reais e 1.600 quilos de ouro de diversos bancos. (...) Era

---

É interessante notar – percebendo as potencialidades da linguagem de meus interlocutores – que o próprio "cara" é "humildade" intensificada ou em alto grau. Já a segunda oração, pode ser lida aproximadamente assim: *mas se for enfrentado, as consequências são terríveis.*

26 E também parece ser decisivo em alguns processos de constituição de "lideranças". Rememorando a sua transferência do Pavilhão 2, onde vivia numa cela com apenas 3 companheiros, para o Pavilhão 6, onde passou a viver numa cela conhecida como "favelão" e que abrigava por volta de 40 presos, Humberto Rodrigues nos diz: "Neste tipo de cela, com população tão grande, a disciplina sempre é mais rígida e complicada – e qualquer coisa errada estará sempre sendo cobrada pelos próprios companheiros. Por isso, é necessário que haja um líder, a fim de evitar confusões maiores. Ele é sempre escolhido por eleição. Deve ter força física e moral junto a todos, possuir bom senso e experiência de cadeia é fundamental, além de ser amigo e humano em suas atitudes" (2002: 231).

27 Departamento de Investigações sobre Crimes Patrimoniais.

olhado por todos com admiração e respeito. Sua juventude, seu sorriso, sua simplicidade e tranqüilidade eram características marcantes. Muito embora deixasse transparecer um auge febril de energia. Conversando, logo se percebia também sua grande facilidade em desenvolver uma idéia e um diálogo. Ele acabou sendo transferido poucos dias antes de mim para o Carandiru. Quando cheguei lá, foi por seu intermédio que tive o privilégio de ficar em um bom "barraco" no Pavilhão II, alojado com relativo conforto, e de conseguir um trabalho.[28] É assim a personalidade desses companheiros, bandidos, assaltantes de banco, ladrões, cuja solidariedade e companheirismo são maiores que a de outros "amigos" que às vezes fazemos em lugares mais sofisticados...(...) poucos dias depois de minha ida para o Carandiru, ele foi transferido para a Penitenciária de São Vicente. Não sei qual a "mágica" que ele fez mas, astuto, experiente e com dinheiro, não deve ter sido difícil arrumar essa transferência. Do Carandiru é quase impossível fugir (Rodrigues, 2002: 20-21).

Esse José Reinaldo, que encontrou os olhos e os sentimentos de um narrador, assemelha-se, na condução de sua "caminhada", a muitos de meus interlocutores, assim como

---

28 É imprescindível notar que Humberto Rodrigues era completamente alheio, no limite avesso, ao "ser ladrão". Esse episódio remonta aos seus primeiros dias de prisão, quando contava já com seus 67 anos de idade. Difícil pensar que ele não era contado como um "humilde".

a outros tantos "ladrões" que passaram por suas vidas. Ouso dizer que cada um de meus interlocutores possui, com maior ou menor intensidade, histórias de si mesmos que se aproximam dessa exemplaridade. E como poderia ser diferente? Como poderia haver uma história dos homens "de proceder", ainda que entrecortada pelas diferenças impostas por "presos das antigas", por "presos de cadeias do PCC", por "presos de cadeias do CRBC", se não houvesse tantos homens capazes de voltar suas próprias atenções sobre si mesmos, de modo a evitar a *cabulosidade* sem limites e a "humildade" que apequena? Como poderia haver "convívios", se dentro desses espaços prisionais seus habitantes não se reconhecessem como homens virtuosos?

De muitas maneiras, os presos criam intensificações de suas linhas de *cabulosidade*, ainda que não seja para ser tido como um "ladrão de bancos", ou para ser considerado o "Troféu do Ano" no Depatri, ou, ainda, mesmo que não tenham muito "dinheiro" para realizar a "mágica" de "arrumar transferência" para longe da prisão donde "é quase impossível fugir". A prisão é, ela própria, abertura a milhares de modos de se obter o "olhar de todos com admiração e respeito", para ser respeitado por um "famoso ladrão de bancos", sem sê-lo – inclusive, para que esse "famoso ladrão de bancos" perca ou não consiga obter o "respeito" de outros –, para ser tido como "astuto" e "experiente" e, principalmente, para efetuar-se como um condutor fulgente de "um auge febril de energia". De outras maneiras, os presos também criam intensificações de suas linhas de "humildade", seja através de um "sorriso" marcante – embora "reservado" – ainda reluzente nas lembranças de um "companheiro de sofrimento", ou de reconhecimento pela "simplicidade" e "tranquilidade" notáveis, ou por ser tido possuidor de "grande facilidade em desenvolver uma ideia e um diálogo", ou pelo agradecimento de um "humilde" pela intervenção em um acontecimento com a finalidade de lhe beneficiar, ou, enfim, para ser dado como exemplo da grande "solidariedade e companheirismo" que caracteriza a personalidade de alguns "bandidos, assaltantes de banco, ladrões".

Disso tudo decorre que a prisão, ou melhor, a estratificação "proceder"/ "convívio"-"seguro" é uma abertura para acontecimentos imprevisíveis. Nada garante que um "ladrão de bancos" será mais "cabuloso" que um "ladrão de pedestres" durante a resolução de uma "quiaca", nem que conseguirá arregimentar mais "aliados" que seu "inimigo". Antes dos desdobramentos da "quiaca", não se pode descansar sobre um fio de certeza que assegura a própria permanência no "convívio", como um "cara de proceder", em detrimento de seu oponente. De fato, não há descanso imperturbável nem certezas garantidas sobre uma estratificação onde se espalham *mil* fortalezas em prontidão para defender a própria "moral". Pois, se por um lado, cada preso pode manter prudência sobre suas ações, voltando-se sobre si mesmo a fim de equilibrar-se entre os extremos *cabulosidade* e "humildade", por outro, há *mil* presos que podem sentir-se aviltados por essas manobras da "mente", seja por considerarem-nas efetuações de um "bandidão", seja por nelas enxergarem abdicações de um "covarde sem disposição" que "não é digno de ficar no convívio". Essas são as duas faces das estratégias que atravessam a estratificação "proceder"/ "convívio"-"seguro": de um lado, a atenção à "mente" (ao *si*), de outro, o imponderável outrem.

Essa "mente", como já deve estar patente, nada tem a ver com uma substância. Primeiramente, trata-se de uma região de atividades que, além do mais, só se efetua através das considerações de outrem. É por isso que se pode dizer que não existe qualquer "covarde sem disposição" *por natureza*, ou qualquer "bandidão" *por natureza*, ou qualquer "ladrão de verdade" *por natureza*. As coisas se estabelecem e podem se desfazer nas "trocas de ideia" (que podem configurar um "debate") quando presos se enfrentam em combates argumentativos, defendendo suas "verdades", assim como nas "trocas de faca", quando eles se enfrentam em combates fatais, defendendo suas vidas. Sobretudo, as coisas se estabelecem e se desfazem nas trocas de pontos de vista, pois através delas é posta em marcha uma ciranda de atribuições que torna possível a um mesmo preso ser considerado um "cara que se acovardou", um "bandidão", um "ladrão pelo certo"...

"Debates"[29]

Agora que já tracejei os contornos protuberantes das estratégias que perpassam a estratificação "proceder"/ "convívio"-"seguro", aludindo às tensões entre a atividade de voltar-se sobre a própria "mente" – trabalho singular de equilíbrio entre os extremos "humildade" e *cabulosidade*, efetuado em si mesmo – e a atividade imponderável de consideração advinda de outrem – donde deriva as atribuições "cara sem

---

29 Os dois "debates" que exporei a seguir, com ligeiras modificações, foram apresentados em outra ocasião (Marques, 2007).

disposição", "humilde", "ladrão pelo certo", "cara cabuloso", "bandidão" –, apresentarei dois relatos que ajudam a observar, ponto a ponto, desdobramentos que configuram aquilo que os presos entendem por "debate". Nos dois casos, os protagonistas se verão repentinamente envolvidos em questionamentos que lhes "cobrarão" posições claras acerca da "verdade". Trata-se, sem dúvida, de um movimento brusco, de supetão – essa é a força imponderável advinda de outrem –, que lhes suspendem de suas condições contemporâneas, como que sopesando o valor daquilo que têm a dizer. Daí por diante, será preciso "provar" que se "está pelo certo", inclusive com relação a uma regra específica: "não caguetar". Mas como vimos, esse movimento marca uma abertura para disputas jurisprudenciais, não um encerramento no direito.

No primeiro caso, num Distrito Policial ainda não marcado pelo domínio de um "comando", "S" cuidará de proteger a própria "mente" ao mesmo tempo em que busca estourar a "mente" de seu acusador, até que uma prova decisiva e aguardada defina suas vidas. No segundo caso, que se passa inteiramente fora dos muros prisionais,[30] "R" será acionado em

---

30 Não obstante, suas implicações estão diretamente ligadas ao "proceder" prisional. São relacionados ao PCC quem o promove. Além do mais, diz-se comumente entre meus interlocutores que aquele que realiza uma fuga geográfica para não enfrentar um "debate" fora da prisão é porque "não tem proceder". Muitas vezes ouvi formulações em que se traçavam equivalências entre estados brasileiros (Bahia, Rio de Janeiro, Minas Gerais, Paraíba, Pernambuco etc) e o "seguro". O rapper Xis faz aparecer bem esse uso do "seguro" fora das prisões: "(...) Treta, pura treta, então segure se puder/ Vai fazer seu nome, mas vai vê qual que é/ Vai ficar pequeno pra você quando bicho pegar/ Onde vai pedir seguro como vai ficar?" (XIS *et al*, 2001).

duas instâncias de acusação: primeiramente por policiais que lhe cobram a "verdade" sobre um suposto dinheiro recebido, depois por um "irmão" do PCC que lhe cobra a "verdade" sobre uma transação comercial. Dos policiais, suporta bem seus "psicológicos", mas se vê sem outra saída senão "fazer um acerto";[31] do "irmão", consegue se livrar de sua acusação de "caguetage", mas entende ter sido alvo de "extorsão". Tal entendimento o fará pedir a intervenção de outro "irmão" para a instauração de um "grande debate", no qual se averiguará quem "tá pelo certo".

Em ambos os casos, "S" e "R" consideraram decisivo o jogo de "psicológicos" que marcou os desdobramentos dos "debates" em que participaram. Ainda que a "verdade", nos dois casos, tenha se estabelecido a partir da exposição de provas cabais que referendaram aquilo que eles diziam, "S" entendeu que ter sido "cabuloso" foi fundamental para não sucumbir diante das ameaças de seu detrator, enquanto "R" "sentiu" que foi fundamental o modo como se portou – "não

---

31 "Acerto" é o pagamento que alguém já rendido fornece a policiais para não ser encaminhado à prisão. Trata-se de uma relação episódica, acionada geralmente entre "157" – sujeitos empenhados em assaltos a mão armada – e policiais. Mas, muitas vezes, essa palavra é utilizada para denominar os pagamentos rotineiros que "traficantes" fazem a policiais para que suas "biqueiras" não sejam fechadas. Nesse caso, configura-se uma relação ordinária que não difere em nada daquilo que os cariocas chamam de "arrego", referindo-se a "policiais que estão na folha de pagamento do tráfico" (Barbosa, 1998: 116-117). Outra expressão paulista para dar conta dessas relações é "pagar um pau pros home" (ou "pagar um pau pros gambé"), onde "home" = policiais (= "gambé"). O *rapper* Sabotage nos fala do perigo maior dessas relações: "(...) gambezinho faz acerto depois mata na crocodilagem" (Sabotage, 2001b).

amarelei" – nas discussões. Se as coisas se passassem de outra maneira, talvez não teriam chegado ao instante crucial
em que puderam provar suas inocências, ou a culpa do oponente, como ocorreu num dos casos.

O "DEBATE" ENVOLVENDO S

"S" contou-me, em novembro de 2006, que estivera preso entre os anos de 1998 e 1999, em um Distrito Policial da
capital paulista que não havia sido dominado por nenhum
"comando". Entre os diversos fatos que narrou sobre sua
experiência prisional, um, especial para a construção da
problemática deste capítulo, tratava de um "desacerto"[32]
em que foi envolvido e que o levou a se defender durante um "debate". Em dezembro de 2006, momento em que
construí textualmente esta narrativa oral de "S", algumas
dúvidas surgiram-me acerca de detalhes e de conexões de
acontecimentos. Voltei a falar com ele em março de 2007.
Na ocasião, ele retomou a narração do episódio que viveu,
concentrando especial atenção nos detalhes e conexões que
me geraram dúvidas. Como se verá, "S" se locomove eximia-
mente sobre as condições de possibilidades concernentes
ao "proceder", ou melhor, ao modo como o "proceder" era
entendido naquela unidade prisional.

À época, "S" era um dos "faxinas" da cadeia, portanto,
uma de suas tarefas ordinárias era distribuir entre as celas,

---

32 A noção de "desacerto" (ou, de modo mais completo, "desacerto no
crime"), nesse caso, é utilizada para significar uma pendência que me-
rece ser resolvida através de "debate".

logo cedo, os "marroquinhos"[33] e o "moca"[34] fornecidos pela administração prisional. Numa determinada manhã, ao retornar dessa sua tarefa cotidiana, chegando próximo de sua cela, reparou uma estranha movimentação e percebeu que seus companheiros de cela, com ânimos alterados, formavam um "bolinho"[35] no fundo do "x".[36] Rapidamente correu para sua cama com o intuito de pegar sua "naife"[37] que ficava dentro da fronha de seu travesseiro. Porém, ficou surpreso ao não encontrá-la.[38] Um homem, que "S" não conhecia, pois acabara de chegar àquela prisão, o surpreendeu chamando-o de "safado" e intimando-o para "trocar faca".[39] Sem hesitar, "S" dirigiu-lhe a expressão "demorô"[40] e armou-se com seu lençol indo em sua direção com o intento de enforcá-lo. Os demais presos impediram no ato o confronto final entre os dois litigantes. "S" questionou a todos que ali estavam sobre o que ocorria e porque haviam lhe rendido, já que haviam pegado sua "naife" sem consultá-lo. Queria saber, afinal, se se tratava de uma insídia contra ele. Seu desafeto se insurgiu

---

33   "Marroquinhos" é o mesmo que *pãezinhos*.

34   "Moca" é o mesmo que *café*.

35   "Bolinho" conota algum complô. Muitas vezes, no entanto, é utilizado de modo humorado para categorizar a reunião de alguns que intentam pregar uma peça em alguém. Não era esse o caso; tratava-se de coisa séria!

36   Sinônimo de *cela*. O mesmo serve para "barraco".

37   O mesmo que *faca* (seja de fabricação industrial ou artesanal, a partir de pedaços de madeira ou de ferro).

38   Pegar a faca de um outro preso sem sua autorização constitui falta grave na prisão.

39   "Chamar para trocar faca" significa *convocar para um combate de facas*.

40   Aproxima-se da expressão "é para já".

acusando-o de ter sido o responsável pela sua prisão. "S" imediatamente devolveu a acusação dizendo que nunca o tinha visto e que, portanto, podia contar com a certeza de que seria morto se antes não "pedisse seguro". Os demais presos, sem vagar, se posicionaram dizendo que, ao ouvirem as acusações contra S durante sua ausência, se incumbiram de guardar sua faca, planejando lhe contar as acusações que havia sofrido, cuidando, desse modo, para que fosse instaurado um "debate" sem que ocorresse qualquer desfecho antecipado. Tal precaução se justificava por prevenir a todos de um desfecho "injusto", pois uma possível descoberta tardia de que "S" não devia morrer ou de que estava errado, tendo, no entanto, assassinado seu acusador, poderia fazer recair sobre todos os presos envolvidos na mediação daquele litígio uma acusação por parte de outros membros da comunidade carcerária, que apontariam a incapacidade de promover um "debate" como causa da morte de um "cara de proceder". Estava instaurado aquele "debate".

Ao acusador foi dado o direito de explicitar sua queixa contra "S". Assim o fez. Disse que ao final de 1997 havia tentado "tomar uma biqueira"[41] localizada em um determinado bairro da cidade de São Paulo, junto de seus "parceiros", durante uma festa que ocorria. Ao invadirem a festa iniciaram um tiroteio que imediatamente foi revidado pelos responsáveis da "boca" que ali estavam. Segundo o acusador, um desses homens era "S", que na ocasião foi baleado. A tentativa de "tomar" aquela "biqueira" foi frustrada e os invasores tiveram de recuar, "sain-

---

41   "Tomar uma biqueira", ou "uma boca", é o mesmo que *se apoderar de um ponto de venda de drogas.*

do de avoada".[42] Mais tarde, o acusador foi preso e disse ter sido identificado por "S" que na ocasião se apresentou como vítima aos policiais. Portanto, acusava "S" de "caguetage" e de "não ser digno" de permanecer entre os "ladrões". Em síntese, os termos da acusação eram os seguintes: se "S", enquanto (sendo) "do crime", não aceitava uma possível "caguetage" contra ele, não podia recorrer à polícia para se livrar de um inimigo "do crime".

Durante a exposição do acusador, "S" percebeu que a entonação da acusação já não possuía a mesma severidade da primeira fala de seu emissor. Julgava que essa mudança devia-se à sua reação com um lençol à convocação de seu acusador para um embate final. Mais que isso, "S" percebia que essa mudança fora captada por todos os mediadores presentes. Sentiu-se confiante, pois o "psicológico" que seu desafeto pretendia lhe "dar", fora-lhe devolvido de modo eficaz, e isso, sabia, contaria muito para o desfecho do "debate", já que "no crime", segundo suas próprias palavras, "ladrão que amarela vira seguro ou morre".[43] Além disso, foi se lembrando que fora seu irmão, muito parecido fisicamente com ele, quem participara daquele episódio. Não podia, pela "lei do crime"[44] e nem por suas convicções pessoais livrar-se da acusação transferindo-a a seu irmão. Calculou que se esse fato fosse descoberto nenhuma retaliação lhe seria estendida, pois sabia haver um consenso de que "no crime" cada um responde por seus atos, e seu irmão, enquanto seu visitante, também estaria a salvo, já que "visita

---

42 "Sair de avoada", nesse contexto, é o mesmo que *fugir*.

43 Quem "gela", "amarela" ou "desespera" (ou seja, *se amedronta*) é porque não suportou o "psicológico".

44 O próprio "proceder".

na cadeia é sagrada". No entanto, entendendo o ato de seu irmão como algo intolerável, e imaginando que um possível futuro encontro entre o acusador (então em liberdade) e seu irmão poderia ser fatal, decidiu omitir a lembrança. Mais que isso, em reforço ao "psicológico" que "dava", decidiu retrucar a acusação, dizendo que não tinha conhecimento daquele episódio narrado e que aquela acusação não passaria em branco após ele provar aos demais "ladrões" (os mediadores) que não era o homem da narração do acusador, obtendo, então, a autorização no "debate" para matá-lo.

O acusador disse que poderia provar a culpa de "S" através do próprio "capa-capa".[45] "S" imediatamente proferiu seu nome e sobrenome para conferência no tal documento e afirmou que na época em que seu acusador fora preso ainda não havia completado a maioridade, não podendo, assim, ter deposto contra ele. Ficou, portanto, decidido por todos participantes do "debate" que os familiares do acusador trariam seu "capa-capa" para que o litígio fosse resolvido. Durante o período de espera que se seguiu, segundo "S", "foi só psicológico". Nem ele nem seu acusador poderiam ter esboçado qualquer indicativo de preocupação com a resolução que se aproximava: "na cadeia não pode gelar nem desesperar; tem que ser cabuloso".

Como "S" havia previsto, o nome de seu irmão foi constatado no documento entregue pelos familiares de seu

---

45 Trata-se, segundo meu interlocutor, de um documento que pode ser solicitado pelos familiares do preso ao fórum no qual está arquivado o processo criminal por ele sofrido. Em tal documento há a informação, entre outras, das testemunhas que depuseram contra o condenado.

acusador. Os mediadores entenderam que tanto "S" quanto seu acusador não poderiam sofrer nenhuma represália. O primeiro porque não podia responder pelos atos de seu irmão e o segundo porque tinha o direito de cobrar a "caguetage" que o levou à prisão. Mas, sua cobrança deveria ser "resolvida fora da cadeia", pois seu verdadeiro desafeto, o irmão de "S", enquanto presente na prisão, estava sob o status de "visita"; aquela que se deve respeitar maximamente.[46] Restavam-lhe somente duas formas de cobrar aquele "desacerto" antes de contar com a própria liberdade: 1) pedir para que algum de seus "parceiros" em liberdade cobrasse em seu lugar ou 2) contar com uma futura prisão do irmão de "S," pois assim poderia cobrá-lo pessoalmente. A sentença do "debate" estava emitida. Dois homens capazes de suportar o "psicológico" alheio saíam intactos daquele "debate". Dois "caras de proceder" permaneciam no "convívio".

---

46 "Essa sacralidade se justifica pelo "sacrifício" a que as visitas se submetem ao se sujeitarem a enfrentar todas as etapas exigidas para que possam entrar na instituição. O processo de entrada pelo qual as visitas devem se submeter obedece a normas específicas de cada instituição prisional, mas nunca exclui as longas filas (muitas passam a noite à frente da prisão), a revista dos alimentos levados e a chamada revista íntima, na qual a mulher deve despir-se completamente e agachar-se algumas vezes perante o olhar atento de uma funcionária. Esse processo é considerado penoso, sofrido e humilhante pelas mulheres, que dizem ser, muitas vezes, tratadas como o próprio detento, conforme depoimento coletado na fila para entrada na prisão, em dia de visita: "parente de preso é tratado como bicho, que nem ele". É nesse sentido que –dizem os presos – em troca do constrangimento sofrido pela visita para a entrada na prisão, o mínimo que podem oferecer é o que chamam de respeito absoluto e a atribuição de seu caráter sacro" (Biondi, 2007b: 5-6).

O "DEBATE" ENVOLVENDO R

Conheci "R", um comerciante que nunca foi preso, através de um interlocutor (ex-presidiário) que me forneceu relatos de sua própria experiência prisional durante minha pesquisa de graduação. Segundo ele, que já conhecia meus propósitos de estudo, a pertinência dessa indicação se devia ao fato de "R" ter se defendido em um "grande debate" que ocorreu fora dos muros da prisão e que, portanto, se ele aceitasse relatar tal episódio, fomentaria minha pesquisa. Disse-me ainda que "R" facilmente falaria de tal assunto, ainda mais com as ressalvas que eu fazia acerca da preservação do anonimato e dos pormenores que pudessem identificar meus interlocutores. Assim ocorreu. "R" nos recebeu em seu comércio e durante alguns minutos (por volta de meia hora) nos contou o tal episódio. Eu ainda voltaria a falar mais duas vezes com ele sobre tal assunto.

Num passado bem recente ao dia em que "R" nos recebeu em seu comércio (evitarei datas), um de seus clientes – que "R" já conhecia há anos (o chamarei de "A") – perguntou-lhe se sabia quem poderia vender uma quantidade x de munições. "R" disse-lhe que sabia, mas que, ao invés de lhe dar o telefone do vendedor, que, aliás, era um grande amigo (chamarei de "B"), daria o telefone de "A" para "B". Assim fez. "B" entrou em contato com "A" e, verificando que não possuía a quantidade de munição requerida, envolveu seu fornecedor (que chamarei de "C") na negociação. Após acertarem a transação, combinaram o local e a data para realizar tal operação; tudo em sigilo. Tudo estava preparado. Mas o pior estava por acontecer. Todos aqueles que foram encarregados de efetivar aquela operação comercial no local e data combinados, tanto vendedores quanto compradores, foram surpreendidos por uma blitz policial que lhes rendeu em flagrante; somente "B" conseguiu fugir.

Após esse acontecimento, "R" foi surpreendido por três policiais armados que o sequestraram em um carro, no qual permaneceram por uma hora rodando pelas ruas da cidade. Os policiais disseram fazer parte da equipe de investigação que havia realizado a tal blitz e que matariam "R" se ele não "desse" "B",[47] indivíduo que eles diziam ser o "cabeção".[48] Além disso, queriam uma determinada quantia em dinheiro que "R", supostamente, havia recebido antecipadamente. "R" disse que não havia recebido nenhuma bonificação por aquela transação e que "B" era apenas um cliente de sua loja. Após muita insistência, os policiais levaram "R" para sua própria casa. Lá, reviraram seus pertences em busca do tal dinheiro que ele havia recebido antecipadamente. Nada encontraram. "R" recebeu uma ligação de sua mulher. Após atender, um dos policiais pegou o aparelho e disse à sua mulher que fazia parte de uma investigação federal e que seu companheiro seria autuado por "associação ao tráfico". Disse ainda que tal autuação era leve. Entretanto, alertou que se o tal "B" não fosse entregue no caminho ao DENARC (Departamento de Investigações sobre Narcóticos), eles "enfiariam cem balas em 'R'"[49] e, assim, ele só sairia da prisão

---

47 "Dar alguém" é o mesmo que *entregar*, *delatar*, "caguetar".

48 Não sei dizer se "cabeção" é uma gíria para *chefe* ou se se trata de um "apelido" ("vulgo").

49 Prenderiam "R" por flagrante de tráfico de armas, com munições que na verdade não lhe pertenciam.

após quinze anos. Desligou o telefone. Após uma longa discussão, um dos policiais perguntou a "R": "o que você pode fazer por você?". Voltou a reformular a oração, mas não mais em forma de interrogação: "então vê o que você pode fazer por você". Tal fórmula ainda foi repetida. "R", entendendo a dica dos policiais, indagou-os se o que queriam era "fazer um acerto". Pediram cento e cinquenta mil reais. "R" se negou terminantemente a pagar tal quantia, já que, além de não ter recebido nada antecipadamente, era impossível conseguir aquele valor. Disse que se tal valor fosse mantido era melhor que os policiais o matassem logo. Após uma longa sessão de tentativas de extorsão e ameaças, os três policiais, convencidos de que o flagrado não possuía o dinheiro que pediam – segundo "R", pela própria visualização do estado inacabado de sua residência –, decidiram lhe dar vinte e quatro horas para que conseguisse dez mil reais. "R" aceitou, mesmo sabendo que não conseguiria obter aquela quantia; é que ele precisava daquelas vinte e quatro horas para encontrar "B". O desenrolar desse "acerto" é ainda muito mais minucioso, mas para os propósitos específicos deste capítulo cabe deixarmos a narrativa se desenvolver de modo mais solto. Outra confusão ainda estava por vir. O que se deve reter até aqui é que, apesar dos policiais terem tentado "entrar na mente" de "R", ou seja, terem tentado lhe "dar um psicológico",[50] "R" não se afetou com tais intenções ("não deixei me envolver", segundo suas próprias palavras),

---

50   Não possuo depoimentos de policiais para apurar o uso dos "psicológicos" entre eles. O que assinalo é que a conduta apresentada por eles foi percebida por meu interlocutor como um "psicológico".

pois foi capaz de "segurar o b.o. sozinho sem se abalar com as ameaças dos policiais".[51]

Enquanto "R" procurava por "B" e tentava obter parte do dinheiro do "acerto", recebeu uma ligação. Ao atender, um indivíduo (que chamarei de "D"), que se identificou como "irmão" do PCC, "mandou [-lhe] um salve"[52] e disse que já sabia de tudo que havia acontecido, pois era "parceiro" de "C" – esse que já estava preso. "D" realizou uma conferência e em instantes outros "irmãos" estavam na linha. Um "debate" estava instaurado. Segundo os "irmãos", "A" era um "ganso"[53] que havia planejado uma cilada para prender os fornecedores de armas. Como "R" havia intermediado a operação, estavam lhe cobrando explicações acerca do acontecimento. "R" cuidou rapidamente de se proteger da extensão da acusação de "caguetage". Disse que havia, inclusive, tido o cuidado de não dar o telefone de "B" para "A" e que este só chegou até "C" através de "B", portanto, não podia ser considerado um "cagueta". A "vacilada",[54] segundo "R", havia sido de "B". A defesa, em síntese, foi feita nos seguintes termos: "R", que conhecia "A" há anos, não lhe deu o telefone de "B"; "B", que conhecia A há uma semana, lhe deu o contato de "C". Os

---

51 Trata-se da sigla de boletim de ocorrência (registro policial). Essa sigla é utilizada por meus interlocutores para denominar situações de enrascadas ("me meti no maior b.o."), problemas ("tenho um b.o. para resolver"), assaltos ("vou fazer um b.o.") etc. No caso em questão, "segurar o b.o." significa não "caguetar" outros envolvidos.

52 "Mandar um salve", aqui, é o mesmo que *cumprimentar*.

53 "Ganso" é um informante de policiais – essas informações fornecidas são consideradas "caguetage" por meus interlocutores – ou mesmo um policial à paisana.

54 "Vacilada" é o mesmo que *erro*, "mancada".

"irmãos" concordaram com seu posicionamento e afastaram qualquer acusação de "caguetage". No entanto, lhe cobraram o valor exato do prejuízo que haviam tido com as munições apreendidas. "R" concordou em pagar sem estender qualquer prejuízo para "B", já que o mesmo era um grande amigo.

"R" procurou "B" e lhe cobrou ajuda para pagar "D" e os demais "irmãos". "B" lhe negou ajuda e se esquivou do "debate". Para piorar, "R" recebeu uma nova ligação de "D", que exigia, além do combinado pelo prejuízo das munições, mais uma quantia para saldar o prejuízo com o carro que havia sido apreendido na blitz. "R" disse que não podia pagar. "D" lhe ameaçou. Então "R" entendeu que "D" queria "entrar na sua mente" para "apavorar"; concluiu que sua exigência já caracterizava uma falta dentro da lógica do "proceder" estabelecido pelo PCC: tratava-se de extorsão. Foi imediatamente ao encontro de um "irmão forte"[55] para contar-lhe tudo que se sucedera depois da blitz policial que frustrara a operação comercial intermediada por ele e pedir que interviesse naquela questão, instaurando um "debate" que constatasse quem estava "pelo certo".[56] Pois, se por um lado aceitava "trincar"[57] com o "Partido" no que tangia ao

---

55 O acréscimo predicativo que meu interlocutor estabelece na noção de "irmão", conota, segundo ele próprio, a existência de "irmãos" mais "conceituados" (que possuem mais crédito nas tomadas de decisões internas) dentro do "Partido" (PCC). Também o chamou de "piloto da quebrada", ou seja, esse "irmão" é uma liderança do "Partido" na sua jurisdição municipal.

56 Simplesmente quem se mantinha em consonância ao que o "Partido" entende por "proceder".

57 "Trincar", aqui, é o mesmo que *colaborar*, *ajudar*, "chegar junto".

prejuízo financeiro sofrido, por outro se defendia de qualquer acusação de "caguetage" e de qualquer tentativa de extorsão. Em instantes foi instaurado um amplo "debate" que acionava, através de conferência telefônica, além de "R" e "D", uma série de "irmãos" para os quais era perguntado se haviam "passado a caminhada"[58] para "D" realizar a segunda cobrança. Todos responderam negativamente. "D" passou a se defender, dizendo que não havia cobrado "R" e muito menos o ameaçado. "R" imediatamente apresentou uma gravação da ligação na qual ficava caracterizado que "D" se tratava de um extorsionário. O "irmão forte" encerrou o "debate" – "colocou uma pedra na fita" –, indicando que haveria um novo "debate" para se decidir o que seria feito com "D". A assembleia dos "irmãos" ainda decidiu que quem deveria pagar o prejuízo das munições era "B" e não "R". Bastaria que este último aceitasse levar o "debate" para "torre".[59] Na "torre", porém, os termos da sentença não seriam entre pagar ou não pagar, mas, antes, sobre quem deveria ser morto. Mais uma vez "R" preferiu assumir a dívida das munições e livrar a pele de "B". Além da assembleia dos "irmãos" terem afastado definitivamente qualquer acusação de "caguetage" e terem considerado injusta a segunda cobrança que "D" lhe fizera, "R" saiu altamente prestigiado do "debate", como um "cara de conceito", "com uma caminhada pelo certo", enfim, como um "cara de proceder".

---

58 Expressão que, nesse caso, conota o ato de informar determinada diretriz para ação de terceiros.

59 Instância consultiva superior do PCC.

"R" terminou sua narração dizendo-me que não sabia o que havia acontecido com seu extorsionário, nem com A (o "ganso") e nem com "B" (seu grande amigo que lhe "deixou na mão"). Disse ainda que "correu pelo certo de ponta a ponta na parada".[60] Contudo, afirmou-me ter "sentido" que, se tivesse "amarelado" na discussão, teria sido considerado "cagueta" ou até mesmo "aliado de polícia". Definia ali, segundo aquilo que sentiu, que a decisão sobre quem está "pelo certo ou pelo errado no crime" depende de como cada um se apresenta e se comporta no "debate".

Truco!, canastra limpa, *all in*: digressões sobre "ocasiões" e *relações*

Desde a primeira página deste capítulo, na qual explicitei a impactante formulação de meu interlocutor diademense, uma precisa precaução quanto aos jogos de baralho na "cadeia", até o ponto desta parada, imediatamente após termos acompanhado, passo a passo, a efetuação de dois diferentes "debates", busquei desdobrar e deslindar (no sentido de averiguar as demarcações) uma instância de experiências dos presos que, embora adjacente aos jogos conectivos-desconectivos que dão consistência à estratificação "proceder"/"convívio"-"seguro", não se confunde com eles. Pode-se dizer que se tratam de dimensões inseparavelmente arranjadas, embora sejam diferenciáveis. Essa instância, em relação diferencial aos jogos de conexão e de desconexão estudados, singulariza-se por ser preenchida por jogos de força, por ser uma

---

60 Ou seja, ele "teve proceder" durante todos os instantes do acontecimento apurado pelo "debate".

dimensão de estratégias e não de constituição de "verdades". Nela, pudemos vislumbrar os presos voltando suas atenções meticulosas sobre si mesmos, ao mesmo tempo em que voltavam-nas na direção de seus desafetos, ou prováveis desafetos, de modo a definir suas táticas de enfrentamento num "debate" deflagrado ou a calcular suas estratégias para um combate futuro. Por conseguinte, pudemos notá-los agrimensores do próprio poderio, analistas do poderio alheio, especialistas em defesa (contra insinuações e acusações), peritos em ataque (contra desafetos), enfim, estrategistas em "debates".

Essas propriedades que neles notamos, também aparecem no modo como eles próprios se avaliam, bem como nas análises que fazem sobre os jogos de estratégias em que estão inseridos. Refiro-me às suas formulações sobre o "ser ladrão", que não implicam exatamente descrições de acontecimentos vividos. Sem dúvida, são teóricos de suas próprias experiências. E como poderiam não ser?! Tive oportunidade de etnografar duas dessas reflexões nativas, elaboradas a propósito da precaução de meu interlocutor diademense, quando a tornei tema de conversas junto a outros interlocutores.

Um deles, morador de Sapopemba (bairro da zona leste paulistana), após eu colocar as correlações "silêncio" (da tranca)/ "ser humilde" e "gritos" (do truco)/ "ser bandidão", retrucou discordando: "Calma aí; vamo com calma no bagulho![61] Uma coisa é uma coisa, outra coisa é outra coisa!". Em seguida, através de um preciso encadeamento de argumentos, iniciou sua reflexão refutando tais correlações. Inicialmente, disse que a tranca e o truco são jogados tanto por "humildes"

---

61 "No bagulho", nesse caso, funciona como *nisso que você diz*.

quanto por "bandidões". Depois, disse que "ficar quieto" não é garantia para "ser humilde" e que os "gritos" não são, necessariamente, agravantes que definem quem é "bandidão". "Tudo depende da ocasião, meu querido. Tem que saber se portar do jeito certo nos lugar, nas hora certa" – afirmou-me. "No truco todo mundo tem que gritar, véio, senão não ganha! E na tranca, é aquela fita, ninguém precisa isguelar[62] pra ganhar" – continuou. Após nos determos sobre suas afirmações, incitei-o a debruçar-se sobre a experiência de "ser ladrão" a partir de sua formulação sobre as *ocasiões*. Sua resposta foi enfática: "no crime é a mema fita".[63] Na sequência disse que o "ladrão" tem que saber o momento certo de "apavorar" e "desrespeitar", e que esse instante chega quando "alguém vem querendo dar uma de bam-bam-bam".[64] Em complemento, sentenciou: "eu não posso ficar quietinho numa fita[65] dessas. Isso não é ser humilde, é ser otário". Por outro lado, disse que o "ladrão não pode ir gritando com quem tá de boas, trocando uma ideia", e concluiu sua argumentação, "isso é atitude de bandidão; daí eu concordo que não tem humildade". Antes que eu pudesse assimilar todas as consequências que essa rigorosa argumentação traria à minha pesquisa, meu interlocutor definiu explicitamente: "ladrão tem que ser igual jogador de baralho: tem que ser ligeiro na hora certa".

---

62   "Isguelar" é o mesmo que *gritar intensamente*.

63   Com essa expressão o interlocutor que dizer que no "crime" *as coisas se passam da mesma forma*.

64   "Bam-bam-bam", nesse caso, é o mesmo que "bandidão".

65   "Fita", aqui, funciona como *situação*.

Noutra ocasião, que ocorreu cronologicamente antes dessa conversa, eu havia dialogado com um interlocutor do Limão (bairro da zona norte paulistana) sobre as correlações em questão. Sem demonstrar muito interesse por esse assunto, pois estava muito mais animado para falar sobre o "proceder do PCC", definiu rapidamente que "no crime cê num pode errar, é igual um jogo". Sem conferir o mínimo de sentido a essa definição veloz, somente a retirei de minhas anotações de campo após ter conversado com meu interlocutor de Sapopemba, quando já havia proferido sua definição de "ladrão" a partir do que entendia fazer um *jogador de baralho*. Ambos, segundo ele, têm que "ser ligeiro na hora certa", ou seja, segundo as "ocasiões". Desde esta análise, atrevi-me a ler a definição do interlocutor do Limão de modo convergente, como se tivesse dito que o "crime" apresenta *ocasiões* em que não se "pode errar", assim como os jogos apresentam *ocasiões* nas quais, também, não se "pode errar". Afinal, "ser ligeiro" e "não errar" são imperativos que possuem relação de sinonímia entre meus interlocutores.

A precaução do interlocutor diademense não se distancia abissalmente dessas formulações. Ela fora contrariada pelo interlocutor de Sapopemba apenas quanto à pertinência de entender o truco como um jogo que favorece a emergência de acusações de "ser bandidão", entre os oponentes, e a tranca como um jogo que imunizaria esse perigo. De resto, ele está inteiramente atento às *ocasiões*, afinal, como já havia dito, evitava o truco pois havia presenciado "muita quiaca por causa desse jogo". Sem dúvida, age como o "ladrão" da formulação do interlocutor de Sapopemba e com atenção ao "crime" da definição do interlocutor do Limão. Não seria forçoso dizer que em sua "caminhada no crime" topou com o truco como uma *ocasião* a ser evitada.

Enfim, em posse de uma precaução e de duas formulações nativas que misturei, e com o propósito de explorar ressonâncias entre "ladrão" e *jogador de baralho*, também entre "crime" e *jogo*, coloquei-me a seguinte questão: o que é saber jogar truco e tranca, de modo a lidar adequadamente com as *ocasiões* impostas nesses jogos? Em outros termos, o que é "ser ligeiro", portanto "não errar", em tais jogos? Para responder, lancei mão de uma variável qualquer: *comunicação*. Não porque guardasse uma verdade maior sobre tais jogos; era uma variável construída, como qualquer outra. Apenas parecia promissora. E para aumentar as diferenças, pensei em acrescentar um terceiro jogo de baralho. Não podia deixar de ser o poker, o meu jogo preferido! Então iniciei *uma* resposta:

> No truco, como é bem sabido, a comunicação que estabelecemos com nossos parceiros é exatamente inversa àquela que estabelecemos com nossos adversários. Para os primeiros comunicamos códigos verdadeiros: damos sinais de zap, sete-copas, espadilha, pica-fumo ou de três quando os temos em mãos e sinal de "nada" quando nos faltam manilhas ou algum três. Para os inimigos comunicamos códigos falsos: deixamos que eles nos surpreendam passando sinais de manilhas ou de três aos nossos parceiros exatamente quando não temos nada em mãos e deixamos que eles

Crime e proceder **149**

nos surpreendam passando sinal de "nada" aos nossos parceiros exatamente quando temos cartas altas em punho. Sempre o que se quer é que o inimigo grite "truco!" na partida em que contamos com ótimas cartas; que no limite, contemos com um sete-copas na última rodada, após termos deixado o inimigo fazer (ganhar) a primeira rodada e termos feito (ganho) a segunda rodada com um suposto último recurso (puro fingimento!) que nos restava: um zap (pseudo-"zap seco" ou pseudo-"zap filho único").[66] Inversamente, quer-se que o inimigo, por conta de nosso grito de "truco!", fuja naquelas partidas em que não contamos com sequer uma carta alta, já que, como nos lembra o dito popular, importantíssimo ao truqueiro, "de grão em grão a galinha enche o papo". Nesse último movimento opera-se aquilo que conhecemos como blefe. Diz-se que o truco é um jogo de mentiroso, mas não se trata apenas de mentir. Na verdade é o jogo do astuto, do sagaz, do perspicaz, do arguto; aqueles que são capazes de fazer de uma mentira uma cilada. Mundo de ciladas (e, para potencializar, de todos os seus sinônimos: ardis, armadilhas, emboscadas...).

Não é assim que as coisas se passam na tranca. Se por um lado, como no truco, pretendemos dar sinais verdadeiros ao nosso parceiro,

---

66 Diz-se do zap (ou de qualquer outra carta alta) que ele é "seco" ou "filho único" quando é a única carta alta com a qual se conta numa partida.

por outro, não são sinais falsos que queremos que nossos adversários descubram. Mas um não-sinal. O adversário é aquele que não deve contar com qualquer informação acerca de nossas cartas, nem mesmo uma falsa informação. É claro que no decorrer de uma partida vamos acumulando informações sobre as cartas dos adversários, e vice-versa. Mas a fonte informativa são as próprias jogadas que vão se sucedendo e não um piscar de olhos do inimigo ou nosso. Se para o parceiro emitimos sinais – e a complexidade dos códigos aqui é muito maior do que no truco –, para o inimigo escondemos sinais. Na tranca o que mais importa é o parceiro; os adversários são aqueles que não devem importar. Se nos preocupam, é porque inevitavelmente perderemos. É porque já estamos ficando sem saídas diante do enorme número de canastras que eles produziram. São eles que devem se ver sem saídas diante de nosso sofisticado entrosamento. Qualquer carta que dispensarem nos serve, exatamente porque sabemos quem somos. Enfim, o inimigo não importa porque aqui não existe blefe, mas mais que isso, porque aqui não há a possibilidade de fugir e nem de fazer com que os inimigos fujam. Tem-se que ir até o fim. É melhor, portanto, que se vá de mãos dadas com o parceiro. Mundo de entrosamento.

No poker não há parceiro. Só adversários. A comunicação se passa sempre *contra* o inimigo, nunca *com* alguém. Por certo é um perigoso

Crime e proceder **151**

caminhar só – isso já é uma diferença fundamental em relação ao truco e à tranca. Sob certo aspecto, especialmente por haver comunicação *contra*, as semelhanças com o truco se mostram muito mais óbvias do que em relação à tranca. Além do mais, como no truco, aqui é possível contar com a fuga. Fugir e fazer fugir. Contudo, as diferenças entre esses dois jogos não param de saltar diante dos nossos olhos. Como se sabe, o truco é um jogo de doze tentos. Deste modo, uma disputa pode contar com, no máximo, vinte e três partidas. É, sem dúvidas, uma disputa veloz. E uma disputa em que se "está vivo" até o fim – aqui o truco reencontra maior semelhança em relação à tranca. Fuja o quanto puder e ainda assim haverá o encontro com o inimigo no tento derradeiro: na mão de onze. Não há como não participar do momento final. Para todos os participantes o desenlace da disputa se dá no fim. Já no poker, um jogador pode dar adeus ao torneio na primeira partida disputada. Sem que, com isso, o torneio perca sua *potencialidade* de durar dias! É claro que o *fim* pode contar com todos os jogadores, numa eventual situação em que todos eles apostem *all in* na mesma partida. Mas isso não faz com que o poker deixe de ser um jogo de múltiplos finais. É justamente aí que está seu perigo. Há finais por toda parte. Isso significa que há, também, embates por toda parte. Múltiplos inimigos se enfrentando. Se no truco se blefa contra o inimigo, no poker se blefa contra a mesa (todos os inimigos simultaneamente). No truco temos um inimigo bem territorializado, ainda que suas armas não parem de variar. Já no poker nossos inimigos não param de variar, na mesma intensidade em que variam suas armas. É exatamente por conta de uma peculiar disposição de coisas – jogo veloz com inimigo conhecido – que o jogador de truco deve embater sem cessar. É exatamente por conta de uma peculiar disposição de coisas – múltiplos finais e inimigos variantes – que o jogador de poker deve aguardar o melhor momento para lutar (seja para blefar, seja para apostar com o jogo maior). Enfim, aqui não há parceiro para fazer dele algo importante (como na tranca), nem inimigo fixo contra quem se possa lutar ininterruptamente (como no truco), mas um solo em que se deve espreitar o inimigo, aguardando a oportunidade para atacá-lo, o momento de surpreendê-lo, ou ainda, o ensejo para arrastá-lo para o seu próprio fim. O que mais importa no poker é o *si mesmo*. Mundo de paciência.

À medida que me pus a pensar nessa resposta, saltaram as simplificações que dela derivam: não há truco, mas trucos; nem tranca, mas trancas; nem poker, mas pokers. No entanto, o que ela pode nos indicar de mais importante é que um jogador não aprende a jogar esses jogos quando compreende quais são as suas respectivas regras, mas quando é arrastado pela relação específica de cada jogo, pelo modo específico de estar *contra* o inimigo, *com* o parceiro ou sozinho (com *si mesmo*). Somente através da relação imposta por um jogo ele pode se constituir *jogador* – talvez esse constituir-se no jogo já seja uma segunda relação, como que um desdobramento da primeira, que consiste em voltar-se sobre si mesmo (definindo uma subjetivação "truqueira", por exemplo). Nesse sentido, saber lidar adequadamente com as *ocasiões* impostas por esses jogos nada tem a ver com uma competência instrumental sobre suas regras. Afinal, não há estudo de regras que revele a ora certa de "gritar truco", de "descer uma canastra" ou de "apostar *all in*". É preciso ser "truqueiro", ser um ótimo jogador de tranca, ser um intrépido jogador de poker. Somente assim se poderá "ser ligeiro". Ainda que, "ser ligeiro" nos jogos, ser um excelente jogador, não exclua as possibilidades de errar. Em suma, um jogo não se resume a um conjunto de regras (estrutura) e a um desdobramento praticamente ilimitado de partidas (performances).[67] Antes, deve ser definido como uma *relação* que arrasta jogadores e regras numa tormenta imponderável. Tormentas chamadas truco, tranca e poker: eis três nomes de relação.

É nessa direção que vou radicalizar ainda mais essas digressões, levando às últimas consequências as definições "ladrão tem que ser igual jogador de baralho: tem que ser

---

67 Para Lévi-Strauss (2004) "todo jogo se define pelo conjunto de suas regras, que tornam possível um número praticamente ilimitado de partidas" (p. 46). Ele é caracterizado inicialmente por uma relação simétrica (pré-ordenada) entre os jogadores e o decorrer da partida é marcado pelo engendramento da assimetria nessa relação (aspecto disjuntivo): "resulta na criação de uma divisão diferencial entre os jogadores individuais ou das equipes, que nada indicaria, previamente, como desiguais. Entretanto, no fim da partida, eles se distinguirão em ganhadores e perdedores" (p. 48).

ligeiro na hora certa" e "no crime cê num pode errar, é igual um jogo". Uma vez que já deslindei o entendimento nativo sobre "ser ladrão", percorrendo a dimensão de estratégias em que meus interlocutores avaliam o "momento certo" (a "ocasião") para "ser humilde" ou "cabuloso", passarei a indagar qual é a *relação* que define o "crime", impondo as "ocasiões" decisivas para os "ladrões". Dito de outro modo, indagarei o que é o "crime", isso que impõe "ocasiões" em que se deve "ser ligeiro", portanto, "não errar".

O "CRIME"

Origem indefinida, "movimento", considerações

Não é raro, ao sobrevoarmos diferentes escolas penais, depararmo-nos com definições de *crime* como "um episódio na vida de um indivíduo", "um fato", "toda conduta humana que infringe a lei penal", "ação ou omissão antijurídica e culpável". Nessas searas, vale bem a síntese do honorável Dr. Heleno Fragoso: "A elaboração do conceito de crime compete à doutrina" (1986: 146). Com efeito, competiria à análise antropológica que tem como objeto as discussões doutrinais acerca do Código Penal (CP), ou esse Código mesmo, debruçar-se sobre os meandros dessa elaboração. Esse, no entanto, parece ser o pior caminho para um experimento antropológico empenhado nas palavras de "ladrões". Para tal tarefa, bem que se poderia aproveitar a síntese desse grande jurista, alterando-na, todavia, substancialmente:

minha pretensão é mapear *uma* elaboração da noção de "crime" que compete aos "ladrões".

Isso me afasta, também, do procedimento sociológico adotado por Fausto em seu estudo sobre criminalidade e crimes na cidade de São Paulo entre 1880 e 1924. Nele, o autor define que "criminalidade se refere ao fenômeno social na sua dimensão mais ampla", o que permite estabelecer "padrões através da constatação de regularidades e cortes"; por sua vez, "crime diz respeito ao fenômeno na sua singularidade, cuja riqueza em certos casos não se encerra em si mesma, como caso individual, mas abre caminho para muitas percepções" (2001: 19). Sem dúvida, se tratam de ótimas ferramentas de análise, que atendem bem aos propósitos estabelecidos pelo autor:

> (...) uma de minhas preocupações consiste em apreender regularidades que permitam perceber valores, representações e comportamentos sociais através da transgressão da norma penal. Isso pressupõe uma opção prévia, como resposta a uma questão freqüente em estudos sobre criminalidade. Ao lidarmos com o crime estaríamos lidando com uma relação individual aberrante, pouco expressiva dos padrões de conduta ou das tensões reais de uma determinada sociedade? A história da criminalidade seria quando muito uma história do desvio, daquilo que a sociedade repele intensamente? Parto de outro ponto de vista, ou seja, de que, se apreendida em nível mais profundo,

a criminalidade expressa a um tempo uma relação individual e uma relação social indicativas de padrões de comportamento, de representações e valores sociais. Vários comportamentos definidos como crime – do incesto ao homicídio – não são muitas vezes outra coisa senão a expressão de desejos ou de um potencial de agressividade reprimidos que se explicitam. A preocupação com as regularidades não significa, porém, o abandono do excepcional ou daquilo que na aparência é apenas pitoresco. Não só fatos dessa ordem podem ser o sal de uma demonstração como podem ser reveladores de dimensões não apreendidas de outra forma (2001: 27).

Mas, como se pode ver, seus propósitos diferem vastamente dos meus. Conforme já explicitado, preocupo-me com o sentido de *uma* noção de "crime" utilizada por meus interlocutores, não com a captação de padrões de comportamento, valores e representações, a partir da apreensão de regularidades e de relações entre manifestações individuais e sociais. Tão logo, seria um equívoco perseguir seus conceitos, *crime* e *criminalidade*, em meu experimento antropológico.[1]

É bem verdade que através de uma das acepções da palavra "crime", meus interlocutores referem-se às infrações

---

[1]   Que nos resultados dessa pesquisa outros analistas possam encontrar padrões de comportamento, valores e representações, através de cuidadosas apreensões de regularidades e de relações entre fenômenos individuais e sociais, já são desdobramentos alheios aos meus propósitos.

penais, principalmente quando avaliam o ônus de ser surpreendido "metendo um assalto", "fazendo um tráfico", "subindo um pilantra".[2] Ora, são conhecedores das consequências jurídicas que podem recair sobre quem comete um *crime*, afinal de contas, tais consequências, direta ou indiretamente, mudaram os cursos de suas vidas. Raramente usam essa palavra para referir-se a um fato particular, "teve um crime lá na vila", aproximando-se da definição de Fausto. Quanto ao adjetivo "criminoso", seu uso é frequente, como sinônimo de "ladrão", em atribuições que concedem valor positivo: "Porra, esse maluco é criminoso, não é pipoca não".[3] Enfim, a palavra "criminalidade" vez ou outra aparece, mas não para indicar a "dimensão mais ampla" de um "fenômeno social", antes, para indicar uma escolha tomada, "fui pra criminalidade", ou ainda, o rumo imposto desde o nascimento, "nasci na criminalidade".

Mas há uma acepção da noção de "crime" que é absolutamente singular. Digamos, provisoriamente, que ela designa uma corrente, ou melhor, um corrimento de relações sociais donde podem emergir todos os outros usos dessa palavra. Ela está cravada nas frases "no crime não se pode errar", "minha caminhada no crime é irretocável", "no crime não dá pra esconder patifaria", "no crime só prevalece os ladrão de verdade", entre outras tantas que podem servir de exemplo.

---

2 Rememorando: "subir" é o mesmo que *matar*; "subiu" é o mesmo que *morreu*.

3 "Pipoca" é alguém que, num momento crucial, "pipocou", não foi adiante, intimidou-se. Em certa medida, é alguém que não foi "cabuloso", que "amarelou".

Inescapavelmente, abre-se uma pergunta: o que é esse algo chamado "crime", "no" qual se estabelecem imperativos, "no" qual se passam "caminhadas", "no" qual se impõem impeditivos, enfim, "no" qual a prevalência é reservada a uma classe específica de seres?

Primeiramente, "crime" é algo que não possui delimitação temporal estabelecida, ou seja, não possui um marco originário donde tudo emanou. Não há alguém que viu ou que possa definir essa *origem*. Dele, sempre se diz que "já existia". As memórias de meus interlocutores deixam isso patente. Um deles, companheiro de conversas desde minha graduação, destaca essa imprecisão temporal ao recordar-se do acidente fatídico que mudou sua vida: "Sempre teve o crime. Meu pai e minha mãe morreram num acidente de carro. Eu tinha sete anos. Isso em setenta e poucos.[4] Cê já sabe disso. Meu pai era bandido. Minha mãe já fazia um tráfico na época que as favela do Edu Chaves era só amassa mamão".[5] Essa conversa teve ocasião em sua casa, localizada na Palmares (bairro de Santo André), onde reside desde 1997, ano em que obteve liberdade após, praticamente, uma vida inteira de reclusão. Entre a morte de seus pais e a chegada de sua maioridade penal, esse interlocutor passou um período recolhido no Conselho Tutelar, mas a maior parte do tempo alternou entre as ruas do centro de São Paulo e a Febem (Fundação

---

4   Primeiros anos da década de 1970.

5   Explicando a expressão "era só amassa mamão", meu interlocutor definiu: "era só gente da pesada; não tinha os axé – "dar um axé" é o mesmo que *dar uma chance a alguém que falhou* – que tem hoje". Parque Edu Chaves é um bairro da zona norte paulistana.

Estadual do Bem Estar do Menor). Recordando-se dessa época, reforça sua explicação: "na Sé, na Febem, o crime já tinha em tudo". O mesmo vale, segundo ele, para os "nove ano que tirei de ponta entre a cadeia do Hipódromo, Carandiru, Franco da Rocha".[6]

As lembranças de meu interlocutor diademense também são bastante úteis nesse sentido. Quando ficou sabendo que sou morador de São João Clímaco (bairro da zona sul paulistana), logo desfilou seu conhecimento sobre alguns "bandidos das antigas, de muito conceito" – assim ele definiu – que lá moravam, bem como sobre o "point [que] era o reduto da bandidagem na década de [19]70": "Em 75 toda bandidagem da região colava na quermesse do Rudge Ramos.[7] Eu conhecia o Wilsinho da Galileia e o Chapéu de lá. (...) Eu já tinha uns 18, 19 anos; era mais velho que ele [referência ao Wilsinho da Galileia]".[8] Na sequência, perguntei-lhe se apenas jovens "ladrões" curtiam esse bairro, ele respondeu: "Não! Tinha uma pá de ladrão mais velho, que já tinha tirado muita cadeia na Detenção [Carandiru]".

O livro *Memórias de um sobrevivente*, de Luiz Alberto Mendes, amplamente citado por mim, é um manifesto da impossibilidade de definir a *origem* do "crime". Por toda

---

6   "Tirar nove ano de ponta" é o mesmo que *cumprir nove anos completos e ininterruptos de prisão.*

7   Trata-se de um bairro de São Bernardo do Campo que faz divisa com São Paulo (próximo ao meu bairro), com São Caetano do Sul e com Santo André, e quase (se é que não faz) com Diadema. Meu interlocutor diz que lá, "como era um bairro de playboy, tinha as festa e os barzinho que a bandidagem gostava de curtir".

8   Wilsinho da Galileia foi tema de documentário quase homônimo, *Wilsinho Galileia*, dirigido por João Batista de Andrade em 1978.

parte que ele andou, ainda antes de seus quinze anos, na metade da década de 1960, já encontrou o "crime" atualizado. Seja na Vila Maria (bairro da zona norte paulistana), o lugar onde cresceu, seja no centro de São Paulo, o lugar que o atraía profundamente, seja em Santos ou Osasco, entre tantos outros lugares por onde passou, sempre encontrou isso que se chama "crime", se expandindo, já, nos passos de "ladrões" mais velhos.

Ouvi a definição mais enfática quanto a essa questão, quando proferi uma pilhéria[9] sobre o bairro em que cresceu um de meus interlocutores, "ladrão das antigas", que após "algumas passagens pela polícia" conheceu o Carandiru aos dezenove anos, por lá permanecendo mais dezenove anos. Em tom humorístico disse a ele: "Pô, você nasceu num bairro de playboy, viveu a adolescência na ditadura; deve ter sido o embaixador do crime lá".[10] Em meio a gargalhadas, respondeu: "já tinha o crime; o crime é o crime desde sempre", e concluiu, "o crime vem de antes; das antigas".[11] Na sequência

---

9   Entre meus interlocutores, proferir pilhérias é o mesmo que "mular". Diante delas é comum ouvir frases como "vixi, o cara tá te mulando", "porra, para de me mular", "vai mular outro" etc.

10   É de praxe, entre meus interlocutores, "mular" alguém por morar numa "vila de playboy", ou seja, num bairro relativamente "de rico", dizendo que lá não há "ladrões". Sempre em tom humorístico, sempre de modo respeitoso. Mesmo porque, no "crime" circulam milhares de histórias sobre "playboys cabulosos" e sobre "caras de favela que pipocaram".

11   "Antes" e "antigas", aqui, é o passado em relação à sua adolescência. Conheci esse interlocutor durante sua internação numa casa de recuperação para dependentes químicos, localizada em São Caetano do Sul. Hoje segue sua vida, casado, morando na Penha (bairro da zona

argumentou: "do memo jeito que tem cara de favela até hoje que não sabe o que é o crime, já tinha boyzinho naquela época que tinha proceder de ladrão".

Essas palavras preparam caminho para a definição da segunda característica do "crime": é algo não passível de demarcação espacial. O "crime" não possui fronteiras definidas, que estabelecem bairros, por exemplo. Ele não é uma jurisdição. Antes, é o próprio mover-se dos "ladrões". Categoricamente, nas palavras de meus interlocutores, o "crime" é "movimento". É esse "movimento" que atravessava as "favelas do Edu Chaves", na época em que só havia "amassa mamão", bem como as dezenas de campos de futebol de várzea que configuravam o horizonte de São João Clímaco na época de Wilsinho da Galileia e de Chapéu. "Lá no Rudge [Ramos] tinha mó movimento; ladrão pra todo lado", rememora meu interlocutor diademense. Um de meus interlocutores, morador de Heliópolis (bairro da zona sul paulistana), assinala bem o sentido dessa característica do "crime": "Antes de eu cair, eu tava procurado.[12] Eu precisava sossegar um pouco; muita droga, muito assalto, muita cena de louco. Aí eu fiz um tempo em Mauá, na casa de uma tia. Lá eu não conhecia o movimento. Aí eu ficava sossegado um pouco". Esse interlocutor não presumia a inexistência de "movimento" em Mauá; antes, apro-

---

leste paulistana). Entre todos os meus interlocutores, ele, certamente, é o que mais gosta de descrever situações hipotéticas de "debates", seus possíveis desdobramentos, argumentações etc. Sem dúvida, é um ótimo elaborador de definições.

12   "Cair" é o mesmo que *ser apreendido pela polícia*. Com a expressão "eu tava procurado" ele quer dizer que policiais o perseguiam por já terem identificado-o como o autor de delitos.

Crime e proceder **163**

veitava seu próprio desconhecimento sobre o "movimento" nessa cidade para "sossegar" da intensa movimentação de que fazia parte em Heliópolis. Em suma, o "crime" não configura fronteiras territoriais, na verdade, por se tratar de "movimento", atravessa territórios e fronteiras. O *rapper* Edy Rock canta essa segunda característica do crime: "o crime vai, o crime vem..." (Edy Rock *et al*, 2002).

Baseado nessas duas características, pode-se dizer que o "crime" é um "movimento" que vem (e vai!) atravessando territórios desde um instante não definido. Meus interlocutores, como ficou claro, "entraram no movimento" quando ele já se efetuava. Cabe perguntar, por conseguinte, sobre essa efetuação. O que o "crime" efetua? O que ele traz consigo ao atravessar territórios? Decisivamente, em que consiste esse "movimento"? Essas perguntas levam à terceira característica do "crime".

Poder-se-ia suspeitar que o "crime" consiste na efetuação de infrações penais e que por onde passa traz consigo roubos, furtos, sequestros, homicídios, latrocínios, tráfico de drogas, tráfico de armas, estupros, estelionatos etc. Mas essa visão, retomando os primeiros passos deste capítulo, é estritamente judiciária. Alguns exemplos limítrofes deixam patente a impertinência dessas colocações. De um estuprador, condenado pelo artigo 213 do CP, portanto infrator da lei penal, jamais se dirá que "é do crime". O mesmo vale para policiais flagrados durante o cometimento de um delito, ainda que se trate de assalto à mão armada, a clássica atividade dos "ladrões". Como bem definiu um de meus interlocutores: "Policial não é do crime. Nem se roubar um banco. Pra você ter uma ideia, ele nem vai poder tirar cadeia com ladrão. Na rua, corre atrás de ladrão pra prender. Como é que vai ficar preso junto? Então não pode".[13] Essa exclusão do "crime" estende-se, também, aos "matadores" ou "justiceiros", ainda que seus homicídios rendam-lhes dezenas de anos de condenação.

Na outra ponta dos exemplos limítrofes, pode-se dizer que um "cara corre com o crime" sem necessariamente se tratar de um assaltante, de um traficante, de um sequestrador, inclusive se tratando de um trabalhador comum, desses que saem de casa às seis horas da manhã, enfrentando uma hora e meia de ônibus lotado, labutando durante todo o dia, comendo marmita e sofrendo novamente no transporte público para chegar em casa às vinte horas. Ele "não desmerece" os "ladrões" de sua "quebrada", toma cerveja com eles no "barzinho" – pagando com seu próprio dinheiro, fruto de trabalho –, divide com eles o campo de futebol de várzea da "vila", comemora com eles os mesmos aniversários, aguenta com eles "as geral dos polícia,[14] sem caguetar quem tá no movimento". Muitas vezes, esse "cara dá uma assistência pra mãe de um amigo que tá preso", "visita seu camarada na cadeia"

---

13   Há unidades prisionais específicas para policiais infratores. No entanto, durante minha pesquisa de campo, ouvi dois casos de ex-policiais que cumpriam pena em cadeias comuns. Sem dúvida, casos raros. Um deles, que cumpria pena em "cadeia do PCC", ao invés de ser tido como "ex-polícia" era tido como um "cara do crime" pelos demais presos. O outro, que cumpria pena na Penitenciária José Parada Neto, "cadeia do CRBC", vivia numa repartição separada localizada na ala destinada ao regime semi-aberto.

14   "As geral dos polícia" são as famigeradas revistas impostas pelos policiais.

ou simplesmente lhe "manda um jumbo".[15] Eventualmente, esse "trabalhador" pode enfrentar um "ladrão" durante um "debate" e dele sair vitorioso, sendo considerado "um cara que corre pelo certo". Inclusive, dele, poder-se-á dizer que possui uma "mente cabulosa", justamente pelas constatações dos "psicológicos que deu" em seu oponente e da blindagem da própria "mente" diante das investidas sofridas.

Com efeito, o "crime" não se define, fundamentalmente, pela distinção entre aqueles que cometeram infrações penais e aqueles que não cometeram. Antes, trata-se de um "movimento" que efetua considerações acerca das "caminhadas" de "ladrões" e de outros – "trabalhadores", policiais, estupradores, "justiceiros" –, definindo quem são os "aliados" e quem são os "inimigos". Nisso, essencialmente, consiste o "crime". Essa é a sua terceira característica. Além do mais, as considerações não se restringem às atividades criminosas nem mesmo quando são apontadas na direção das "caminhadas" de "ladrões". Um "ladrão" pode ser execrado por manter relacionamento amoroso com a "mulher de outro ladrão", ainda que seja um "grande assaltante", que tenha aguentado inúmeras surras de policiais sem "caguetar seus parceiros", que tenha arcado com despesas advocatícias para ajudá-los enquanto estiveram presos. Portanto, mais que definir "aliados" entre infratores penais, o "crime" estabelece as alianças nutridas entre "ladrões" e outros "aliados", ao mesmo tempo em que execra seus "inimigos". Nesse sentido, é propício buscar uma noção de Kafka, contida no livro *Na colônia penal*, que

---

15   Os "jumbos" são os mantimentos, produtos de higiene e cigarros que os presos recebem nos dias de visita.

Barbosa brilhantemente utilizou ao tratar da "amizade" que faz nascer os "comandos", para definir o que o "crime" traz consigo ao atravessar territórios e fronteiras: *cadeias de ligação* (1998: 150; nota nº 3), assim como *desligamentos de ligações*. O "crime", em suma, é um "movimento" que, por onde passa, faz e desfaz conjuntos de "aliados" e de "inimigos".

Juntando essas três características é possível dizer, relativamente com mais precisão, que o "crime" é: 1) um "movimento" que vem atravessando territórios; 2) desde um instante não definido; 3) efetuando considerações sobre as "caminhadas" de "ladrões" e de outros, sendo que, disso, derivam conjuntos de "aliados" e de "inimigos". Ora, mas no que se apoiam essas considerações, quais seus parâmetros, suas balizas avaliativas? É aqui que reencontramos os entendimentos sobre o "proceder" e sobre a divisão "convívio"-"seguro". Não é a partir de outra coisa senão desses entendimentos que se pode considerar as "caminhadas" de "ladrões" e de outros. Esses são os embasamentos para a definição dos "aliados" e para a execração dos "inimigos". De acordo com isso, não seria forçoso afirmar que o "crime" se trata de uma relação (de consideração), puro "movimento", puro fluxo, que encontra dois corpos mobilizáveis chamados "proceder" e divisão "convívio"-"seguro", desde onde se pode produzir conjuntos concretos, de "aliados" e de "inimigos".

Em síntese, o "crime" é essa força que se move acoplando a *dizibilidade* "proceder" e a *visibilidade* "convívio"-"seguro", definindo quem são os "caras de proceder", "dignos de ficarem no convívio", e quem são os "safados", "pilantras", "caguetas", "duque-treze", que deverão ser mortos ou "mandados para o seguro". É essa força, também, que assevera a impertinência, a "mentira", a "comediage"[16] intrínsecas aos entendimentos dos "inimigos" quanto ao "proceder" e quanto à divisão "convívio"-"seguro". Foi nessa força, nessa efetuação de considerações sobre "caminhadas", portanto, que se processaram as "guerras" entre "quadrilhas" que caracterizavam a paisagem das cadeias e das ruas de São Paulo "nas antigas", e é nela, também, que vêm se processando as atuais "guerras" entre "comandos", que dividem não só os domínios territoriais das unidades prisionais do Estado de São Paulo, mas também as ruas que compõem esse Estado.[17]

Um *mundo de imponderáveis*

É imperioso observar que os conjuntos de "aliados" – milhares de "quadrilhas das antigas", PCC, CDL, CRBC, TCC – derivados dessa efetuação de considerações sobre "caminhadas", chamam seus próprios agrupamentos de "crime". Essa é mais uma acepção da palavra "crime". Ela é comumente acionada quando se quer estabelecer diferença

---

16   "Comediage" é tudo aquilo que provém dos "comédias". "Comédia" é aquele que, como um *fanfarrão*, se gaba daquilo que não fez e não faz; um covarde que ostenta bravura, por exemplo.

17   Essa divisão do "sistema prisional" promovida pelos "comandos" deixa patente – de modo exacerbado – que "se por um lado a administração prisional organiza os corpos dos prisioneiros, por outro, esses corpos organizam a administração prisional" (Marques, 2011: 290). Quanto à presença do PCC nas áreas urbanas do estado de São Paulo, cf. as abordagens de Biondi (2010) e de Feltran (2007 e 2011). Vale notar que a responsabilização do PCC pela queda acentuada da taxa de homicídio no estado, partindo dos moradores das periferias de São Paulo, foi apontada por Biondi (2007a, 2007b).

entre "quadrilhas" ou entre "comandos": "o crime é nóis", "só tem um crime", "esses caras não são do crime, são um bando de pipoca". Mas esse uso não oblitera e nem se confunde com o outro, sobre o qual estou me detendo. A palavra "crime" expressa diferentes acepções quando se diz "o crime é nóis" e quando se diz "no crime tem que ser ligeiro". É preciso não perder tal diferença.

Em acordo com essa segunda acepção, André du Rap pode dizer que um "ladrão" deve "ser bem visto dentro do crime" (Du Rap & Zeni, 2002: 183). O que "crime" designa aqui, longe de ser um agrupamento qualquer, é justamente um "movimento" de consideração sobre "caminhadas". Para levar suas palavras às últimas consequências, "crime" é algo que "vê", sendo que dessa *visão* define-se o que é "bem visto" e o que é "malvisto". Ora, o que é esse *algo* que "vê" senão uma multidão de olhos atrelados a entendimentos sobre o "proceder" e sobre a divisão "convívio"-"seguro"? O que é esse *algo* que vê senão uma multidão de pontos de vista considerando quem é "bem visto" e quem é "malvisto", quem "tem proceder" e quem "não tem proceder", quem deve "ficar no convívio" e quem deve "ser mandado para o seguro", quem "é do crime" e quem "não é do crime"? Enfim, o que é esse *algo* que "vê" senão "movimento" de *mil* olhares mobilizando a estratificação "proceder"/ "convívio"-"seguro"? Se não for isso, o "crime" – nessa acepção – não é nada, pois não é possível defini-lo, mais que isso, pensá-lo sem a presença dos *outros*.

No encalço dessa definição, é possível compreender o sentido de uma frase, espécie de desabafo, espécie de aviso, comum entre meus interlocutores: "o crime é tenso".

Inequivocamente, trata-se de um alerta. Os jogos de consideração sobre "caminhadas", envolvendo *mil* olhos, recomendam dinamismo contido, pois configura situação que pode desencadear conflitos. Toda atenção não é excessiva, porque os *outros* indicam um domínio imponderável. Por mais que desses *outros* possam derivar constituições de alianças, deles advém também o perigo iminente: "no crime cê encontra uma pá de aliado, mas encontra também uma pá de maluco querendo te atropelar: é fera engolindo fera" – disse-me um interlocutor. Mendes também fala sobre esses perigos ao emitir sua preciosa definição do "Carandiru":

> Era a sociedade do relativo. Nada era absoluto, apenas a morte, que podia ocorrer até por uma simples ofensa. Diziam que até por uma bisnaga de pão podia se encontrar a morte ali. Eu sabia que não seria por causa do pão, e sim por causa da conversa que surgia por causa do pão (2001: 334-335).

É exatamente essa relatividade que marca os jogos de consideração sobre "caminhadas", seus *mil outros*, seus *mil* olhares, enfim, suas *mil* "conversas". Afinal, quantas "verdades" sobre um pão podem ser pronunciadas? Basta mais que uma para acirrar o perigo e a "tensão" que caracterizam o "crime". André du Rap também compreende magnificamente essa imponderabilidade ao analisar a condição do preso, tanto pela incerteza com relação às decisões da administração prisional, quanto pela incerteza com relação às decisões dos próprios "ladrões": "Não saber o que vai acontecer. A partir do momento que você está preso, você tem que estar preparado pra tudo. A vida do preso é isso, ele tem que estar preparado para tudo. É um mundo de incerteza" (Du Rap & Zeni, 2002: 53).

Nem *mundo de ciladas*, como no truco, nem *mundo de entrosamento*, como na tranca, nem *mundo de paciência*, como no poker. O "crime" – e a "cadeia", por efeito – é um "mundo de incerteza". Um *mundo de imponderáveis*. Uma atmosfera de imprevistos que impõem "ocasiões", situações que precisam ser enfrentadas, refletidas, aproveitadas. Isso não quer dizer, obviamente, que meus interlocutores constituíram suas "caminhadas" trilhando-as em escuro absoluto, acreditando que o degrau seguinte estaria lá, mesmo sem tê-lo enxergado antecipadamente. No "movimento" de considerações, por certo, há provisões de certezas. Mas ao que tudo indica, ao que meus interlocutores largamente indicam, a tormenta de incertezas prepondera ante o municiamento de certezas. Tampouco se deve presumir que as consequências advindas dos imponderáveis do "crime" são sempre nefastas e lesivas. Deles, repito, advêm "alianças" também. Mais que isso: a morte do "inimigo" pode ser um reforço à *cadeia* que *liga* "aliados". A morte do "inimigo", sem sentimentalismos, incita a rede produtiva do "crime", expandindo, estendendo, desdobrando, modificando, ajustando, remodelando elos de aliança.

Num jogo de forças em que as incertezas predominam em relação às certezas, escapar dessa morte que fortifica o outro é uma tarefa que requisita muita "atenção". Um de meus interlocutores, rememorando a época em que esteve preso, disse-me: "O clima na cadeia é tenso. Cê tem que ficar ligeiro com tudo e com todos. Se vacilar, entra na faca". O mesmo sentido está guardado no diagnóstico de Rodrigues: "O preso não pode ser 'vacilão', tem de estar sempre 'ligado'" (2002: 19). "Ligado" com tudo, pois, na cadeia, não apenas as bisnagas são alvos de olhares e conversas; os olhos também são. Narrando o modo como conheceu a mulher com quem se relacionou durante boa parte do tempo em que esteve preso, a irmã de outro prisioneiro, André du Rap relembra: "Aí olhei pela janela e vi quando aquela morena passou. Olhei assim pela janela e pensei: 'Não posso nem ficar olhando'. No que eu olhei, ela olhou também" (Du Rap & Zeni, 2002: 60-61). Aquilo que podia se transformar num grande amor, também podia se transformar em motivo para um assassinato: "Não podia ficar olhando, não podia dar a entender que você estava olhando pra visita de um companheiro" (Du Rap & Zeni, 2002: 61).

Já vimos esse "eu" que pensa consigo mesmo – "não posso nem ficar olhando" –, que calcula, que redobra a própria "atenção", quando falei daquela tecnologia singular da "mente". Mas não é o caso de voltar a ele novamente. Com isso, não quero deixar subentendido que exauri esse "eu", essa "mente", ao tratar da "humildade" e da *cabulosidade*. Certamente, tratam-se apenas de dois extremos de um gradiente ontológico, de uma máquina, flutuando entre outros gradientes, outros índices, outras medidas. Há muito mais a ser considerado. Meus esforços visaram somente o deslindamento dessa dimensão estratégica, que atravessa a estratificação "proceder"/ "convívio"-"seguro". O que não se pode perder de vista é que esse "eu", tal como meus interlocutores compreendem, não está num mundo que independe dos *outros*. Firmei repetidas ressalvas sobre isso no capítulo anterior. Somente "eu" não faz "crime", nem considerações sobre "caminhadas", nem "aliados", nem "inimigos", nem "clima tenso na cadeia". Esse "eu", tomado isoladamente, desvencilha-se da "mente", do sentido de "humildade" e de *cabulosidade*. Talvez até se converta em *Eu*, encontrando um mundo com mais certezas – quiçá a certeza do *cogito* – do que o mundo em que está o "ladrão".

Isso não significa que passarei a obnubilar o "eu". Não é disso que se trata. Até mesmo porque os *outros*, tomados isoladamente, também não fazem o "crime". O que pretendo, imediatamente, é apresentar algumas "ocasiões" que o "crime" impõe aos "ladrões"; e o "eu" que enfrenta, que reflete, que aproveita dessas "ocasiões", não é algo que se possa abstrair da análise. Guardo, no entanto, uma opção metodológica em relação a essa questão. No capítulo precedente, ao tratar dos "debates" – "ocasiões" que o "crime" impõe aos ladrões" – dei ênfase às estratégias do "eu", às avaliações quanto ao "momento certo" de "ser cabuloso", por exemplo. Agora, de outro modo, quero destacar os imponderáveis do "crime" através de três casos: uma "palavra" acusativa, que deverá ser combatida; uma "palavra" indagatória, que deverá ser refletida; uma "palavra" oportuna, que deverá ser aproveitada.

DE REPENTE

Certo dia, enquanto andava pelo Pavilhão Nove do Carandiru, André du Rap encontrou um "companheiro de mileano", um "ladrão" que "era referência" no bairro onde moravam. "Todo mundo gostava do cara. O cara era bem querido mesmo, só com carro da hora,[18] moto da hora e várias minas, umas minas bonitas que colavam com ele. A maioria da rapaziada queria ser que nem a banca do cara". Misturado à alegria de reencontrá-lo, entretanto, somou-se o espanto de vê-lo em "trajes de mulher". Apesar disso, André não o censurou,[19] antes, conversou e relembrou "fitas"[20] do passado. *De repente*, foi surpreendido por "um cara bem forte", acompanhado de outros, que o indagou aborrecido: "E aí, triagem,[21] que que ta acontecendo aí?". Sem compreender muito bem essa brusca indagação, André respondeu cordialmente, talvez suspeitando se tratar de um chiste: "Ô, mano, tudo bom? Satisfação – me apresentei, troquei uma ideia". Porém, o tom daquela indagação se agravou mais ainda, instilando nuanças de agressividade: "É, não tá muito certo, não, que cê tá trocando ideia com a minha mulher". Surpreso com tal formulação, André imediatamente respondeu: "Ô, mano, que sua mulher, cê tá ficando louco? Quem que é sua mulher aqui?". Nesse exato momento, o "companheiro de mileano"

---

18 "Da hora" é uma expressão que qualifica *algo* como *excelente, muito bom, impressionante.*

19 "As pessoas falavam para mim que tinha uns homossexuais, que eram chamados de bichas, que usavam trajes de mulher e eu sempre via dentro da cadeia e tudo, mas eles pra lá, a gente pra cá, sempre o respeito prevalece – o respeito, a humildade, a igualdade" (Du Rap & Zeni, 2002: 170).

20 "Fitas", nesse caso, é o mesmo que *acontecimentos.*

21 "Triagem", nesse caso, é uma qualificação que se aproxima do adjetivo *novato.*

abaixou a cabeça, enquanto o reclamante "já pegou ele pelo pescoço, já começou a dá uns tapas, uns safanão", e disse: "É minha mulher". A fórmula mais sintética e clara daquela reclamação ecoava no ar. O "companheiro de mileano" de André, que fora, um dia, um "bom ladrão (...) firmeza mesmo nas fitas",[22] agora era "mulher" de outro preso. André ainda questionou: "Não, eu conheço o cara (...) O cara é bandido, o cara é homem, tem família". Mas uma fórmula analítica ainda fixaria, de modo mais decepcionante[23] para André, os termos daquela relação: "O cara pode ser ladrão, o que for. O cara me caguetou, eu subi nas costas dele, e ele é minha mulher hoje em dia, certo? Eu durmo com ele todo dia e ele dorme comigo todo dia". Mas o pior ainda estava por vir. Esse reclamante passou a acusá-lo de estar "dando em cima" de sua "mulher". André percebeu que "tava entrando numa fita podre":[24] "Tava de chapéu atolado[25] simplesmente por eu ter cumprimentado um amigo, esse meu amigo. (...) Tô indignado com aquela situação, só que eu já entrei na situação, já aconteceu, e o barato já tá louco".[26] Na sequência dessa discussão, chegaram alguns

---

22 Dizer que alguém foi ou é "firmeza mesmo nas fitas" – ou "ponta firme nas paradas" – imprime-lhe um conjunto de atributos positivos que aprova "atitudes" e "condutas".

23 "Aquilo ali foi uma decepção, mano, porque o cara homem, pra falar o português claro, é homem sendo comido dentro da cadeia" (Du Rap & Zeni, 2002, p. 172).

24 "Fita podre", nesse caso, é o mesmo que *enrascada*.

25 "Chapéu atolado", nesse caso, é o mesmo que *não saber de algo, desconhecer uma situação*.

26 Nas palavras do próprio narrador: "Quando agente fala que o barato já tá louco é porque já tá tumultuado" (Du Rap & Zeni, 2002: 172).

Crime e proceder   **175**

companheiros de André e argumentaram: "Mas o triagem aí não sabe de nada...". Contudo, o "francha"[27] do amigo de André estava "irredutível: – Não, que é o seguinte: que o cara ta dando em cima da minha mulher". Foi neste instante que André deu sua cartada fatal: "Ô, meu. Eu gosto é de buceta, eu gosto é de mulher, meu barato é mulher. Meu barato não é mulher de penca, não". Ele sabia que precisava se posicionar, demonstrar sua "coragem", dar corpo sonoro à *cabulosidade*: "Falando essas palavras, em conseqüentemente eu já joguei a moral do cara lá embaixo também porque eu tô falando que o cara gosta de homem. Muitos não tinham coragem de falar isso pro cara". Essa cartada disparou efeitos por todos os lados. Todavia, o jogo de alianças que já atravessava essa situação "tumultuada" impediu a proliferação de mais investidas: "Isso gerou mó atrito, mó confusão, mas devido eu ter um conhecimento – eu era triagem, mas tinha uns amigos meus que já tavam lá há muito tempo – os caras começaram a trocar uma ideia" (Du Rap & Zeni, 2002: 169-173).[28]

A duração daquela andada pelo Pavilhão Nove do Carandiru, a duração daquele reencontro com um velho amigo, um "companheiro de mileano", foram estouradas com ímpeto, foram irrompidas por uma indagação aborrecida. O que devemos reter dessa narrativa de André du Rap, não é a surpresa perigosa – a situação, a "ocasião" – que se instaura no

---

27   Relembrando, "francha" é o mesmo que *marido*.

28   André du Rap interrompe sua narrativa exatamente nesse ponto. E explica: "Mediante a isso aconteceram vários fatores que nossos códigos de ética não consistem em estar contando porque é coisa lá de dentro, nossa" (Du Rap & Zeni, 2002: 173).

primeiro ranger desse estouro, tampouco os acontecimentos processados subsequentemente – a dimensão estratégica do "ser ladrão" –, mas o próprio estouro, o próprio irrompimento da *duração*. Não há dúvida de que isso se dá inesperadamente para André. A indagação aborrecida se faz através de uma circunstância de tempo peculiar, que o advérbio *de repente* indica muito bem. Para André, esse estouro aconteceu *de repente*.

Porém, se se deve dizer que *de repente*, para André, é uma circunstância de tempo – advérbio de tempo – em que se realiza essa indagação aborrecida, deve-se dizer, também, que *de repente* é o modo – advérbio de modo – como se processa esse estouro, esse irrompimento. Mais claramente, esse é o *modo* como se processa, preponderantemente, o "crime", exatamente porque os *outros* constituem um domínio de imponderáveis para o "ladrão". Como vimos, "crime" é "movimento" que efetua considerações; é essa atividade de *mil* outros, *mil* olhos, *mil* "conversas". E os verbos que designam essa atividade encontram em *de repente* seu mais íntimo advérbio.

IMPRESCINDIBILIDADE E NÃO SUFICIÊNCIA DAS *AÇÕES*

Jocenir foi aprisionado ao final do ano de 1994, ingressando na Cadeia Pública de Barueri. O capítulo *Flagrante*, de seu livro, é uma defesa de sua própria inocência, uma minuciosa narração da trama que o levou à prisão: "fui envolvido numa história absurda, julgado e condenado por gente que não tinha o direito de agir assim" (2001: 35). Além disso, segundo o que deixa entrever, era um cidadão alheio à "vida do crime". Algum tempo depois, foi considerado o instigador de denúncias que familiares de presos fizeram contra a atuação dos carcereiros, ao juiz corregedor da comarca competente. Por causa disso, como forma de punição, foi transferido para a Cadeia Pública de Osasco. Como se diz no linguajar da cadeia, ele foi "recomendado" aos carcereiros dessa unidade prisional. Mais explicitamente: recomendou-se que ele "levasse um pau", uma grande surra. Foi o que ocorreu. Após ser torturado por dois carcereiros, foi encaminhado ao X-9, cela onde se encontravam "os presos mais perigosos e violentos". Típico modo de coação que os carcereiros exerciam contra os presos.[29] No caminho, foi surpreendido pelo chefe de disciplina, Erasmo, que lhe perguntou se "gostava de ferrar carcereiro", desferindo-lhe um violento golpe em seguida. Após mais uma sessão de torturas, Erasmo proferiu a sua máxima moral-espiritual-policial, dizendo que o sofrimento de Jocenir "seria recompensado, pois na próxima encarnação" ele "nasceria um homem de bem, um policial". Mas não contava com uma rebatida desmesurada, a mínima ética-temporal-"ser ladrão" de Jocenir: "disse que estava preso, pagaria a pena que precisasse e gozaria de liberdade ainda nesta vida, quanto a me tornar um policial, antes preferiria ser corno, ou dar o cu como fazem os pederastas". Por conta dessa insubordinação, Jocenir foi novamente agredido, dessa vez com incrementos de fúria. "Estávamos em pleno pátio a caminho do X-9, todos os presos assistiram ao massacre e gritavam desesperados para que os torturadores parassem de me espancar". Por

---

29 Hoje se verifica um temor bem esclarecido, por parte dos presos, diante da possibilidade de transferências para "cadeias de comandos inimigos". E os operadores da administração prisional parecem saber bem disso.

conta dessa "atitude", Jocenir entrou "como um valente que enfrentara o chefe de disciplina e os carcereiros".

Esses *mil* olhos que "assistiam" ao "massacre" de Jocenir é o próprio "crime" se efetuando. Exatamente porque são *mil* olhares de consideração sobre ele. Deles deriva um Jocenir "valente", insubordinável ao chefe de disciplina, "aliado" dos presos. Jocenir sentiu isso: "conquistei a simpatia de todos". Os efeitos produzidos nesse acontecimento foram decisivos para que um grupo de aproximadamente quinze presos convocassem-no para uma conversa particular: "um dos presos se dirigiu a mim dizendo que tinha informações a meu respeito, e que eu seria a pessoa mais certa e confiável para esclarecer alguns fatos que estavam preocupando a todos" – "pessoa mais certa" e "confiável", o que são esses qualificativos senão considerações sobre Jocenir comunicadas entre presos? A conversa era sobre o preso Raminho. Ele também acabara de chegar da Cadeia Pública de Barueri. Porém, já havia se envolvido com drogas, "fitas de fugas",[30] contato com carcereiro. Estranhamente, desde sua recente chegada, a polícia já "havia descoberto uma série de planos e atividades". Para complicar ainda mais a sua situação, o grupo de presos havia recebido uma carta em que se denunciavam as suas "mancadas" durante o período em que foi "faxina" da Cadeia Pública de Barueri: "extorsão de presos humildes, trancamento de outros, passeio na faxina com arma do carcereiro, ligações com os mesmos, venda de fuga etc". Segundo as palavras de Jocenir, "atitudes odiadas por aqueles presos que se encontravam em minha frente". Diante disso, o que eles queriam

---

30 "Fitas", agora, significa elaborações, planos.

era que Jocenir "confirmasse" ou "negasse" aquelas denúncias (2001: 54-62). Era o "crime" querendo se expandir, se estender, se desdobrar, enfim, se modificar através da consideração pedida a Jocenir.

Ora, mas Jocenir não é, ele mesmo, o "crime"! Antes, é atravessado por essa força chamada "crime". Sabe, inclusive, que diante do questionamento dos quinze presos, podem emergir novas considerações que afastam sua condição de "pessoa mais certa", de "cara confiável". Por isso, precisa usar o quinhão de estratégias que está ao seu alcance, precisa refletir sobre a "palavra" indagatória que lhe é imposta: "eu não poderia negar aquelas denúncias, porque além de verdadeiras, existia o fato de que outro preso poderia chegar na cadeia e confirmá-las, e então eu ficaria em má situação". Mas tampouco poderia confirmá-las de qualquer modo, sem se acautelar, já que há muitos modos de confirmar algo, e cada um desses modos é um singular *dar-se à consideração de outros*. Se por um lado não podia negar aquelas denúncias, também não podia disparar a contar tudo o que Raminho fez na outra cadeia. Se se portasse assim, alguém poderia considerá-lo "cagueta" – quiçá um "cagueta" em potencial –, ou mesmo dizer que, para "ferrar" Raminho, aproveitou para "isqueirar" ("acender") suas "mancadas".[31] Afinal, há diferenças entre dizer "é essa fita mesmo, ladrão", "ele fez isso, ó..." e "vixi, esse cara é mó pilantra; tem que morrer".

---

31 "Isqueirar" ou "acender", numa definição sucinta e bastante clarividente, "é o cara acender uma fogueira pra outro se queimar". Noutra definição, de mesma intensidade explicativa, "é o cara fica jogando no ar que o outro tá bom de morrer".

Jocenir foi prudente. Segundo suas palavras: "confirmei". Apenas confirmou denúncias sobre "atitudes" que desagradavam profundamente uma compreensão específica sobre o que é o "proceder pelo certo". Nenhuma consideração negativa foi levantada por causa disso. A confirmação emitida não foi trazida – por alguma consideração – à perigosa fronteira que faz com a "caguetage" e com a "isquerage".[32]

Contudo, desse acontecimento não se pode tirar conclusão de que a *ação* de Jocenir, tomada isoladamente, ditou a direção do "crime", como se ela tivesse sido suficiente para, num mesmo passo, efetivar uma consideração sobre Raminho e impedir que considerações negativas reagissem. Concluir isso seria o mesmo que obnubilar os *outros*, desconsiderar as suas *ações*. Pior ainda: tal conclusão faz do "crime" um domínio que pode ser colonizado por uma *ação*. Nada mais equivocado. O "crime" é uma força que não pode ser retida por Jocenir, nem mesmo no ínfimo instante em que lhe invoca uma consideração acerca de Raminho. Pois nesse

---

32 Em uma comunicação na qual tratou daquilo que chama de devir-
-mulher da prisão [masculina], Biondi problematizou a fronteira entre
"passar uma caminhada" e "caguetar": "Tecnicamente não há diferença
no ato, que consiste em informar algo a alguém, mas as situações são
subjetivamente avaliadas para que recebam o tratamento correto. A
proibição da delação pode passar para a obrigação de passar a caminhada, dependendo da perspectiva de análise. Quando alguém conta
ao preso que sua mulher está traindo-o, essa pessoa não está caguetando, mas passando a caminhada. Neste caso, passar a caminhada
adquire um caráter de obrigatoriedade, e sua omissão pode ser motivo
de cobrança. A distinção entre caguetar e passar a caminhada, nesses
casos, aponta para uma assimetria de gênero no universo prisional"
(2007b: 6).

ínfimo instante, ela já roga a outros por uma consideração sobre Jocenir, e *de repente*... algo pode estourar. O "crime" é "movimento" de *mil* efetuações por instante; e se cada uma das *ações* – de Jocenir e dos *outros* – é imprescindível para tais efetuações, só é na medida em que não é suficiente. É imprescindível na medida de sua não-suficiência. Em suma, o "crime" se expande nos rastros de *ações*, o que não significa que alguma *ação* possa detê-lo.

NOVO

A história que exporei adiante, contada por um interlocutor, foi vivida na "cadeia de São Vicente" – conhecida como Samaritá –, localizada no litoral paulista. Ela versa sobre um "debate" que trouxe um "preso do seguro", condenado por estupro pela Justiça brasileira, para o "convívio com os ladrões". Acontecimento raro. Antes de iniciá-la, gostaria de fazer uma breve notação sobre as características espaciais dessa unidade prisional, inaugurada em abril de 1977, durante as administrações do governador Paulo Egydio Martins e do secretário da Justiça Manoel Pedro Pimentel. Tal notação, baseada num mapa feito pelo meu próprio interlocutor, num guardanapo, será imprescindível para compreendermos o estabelecimento desse "debate". A seguir, uma transposição desse mapa para formato digital:

Características espaciais da Cadeia de Samaritá (São Vicente)
Breve descrição de um ex-presidiário

| Inclusão | Área administrativa | |
| Escola | | Cozinha |

Pátio / Quadra

Raio 1

Raio 2

Seguro

A informação principal a ser notada é que o "seguro" dessa unidade prisional não estava apartado de suas duas galerias ("raios") de celas. Isso significa que, nessa "cadeia", a "cela do seguro" estava alocada dentro do "convívio". Na prática, isso tornava possível que os presos das demais celas, ao saírem diariamente para o "banho de sol", pudessem ficar frente a frente com os presos isolados por medida de segurança, à distância de poucos metros e separados por apenas uma grade.[33] Sem dúvida, um "barril de pólvora": ter ao alcance dos

---

33 Pelo que pude averiguar, as unidades que contavam com esse tipo de disposição espacial sofreram rearranjos, estabelecendo espaços externos aos "raios" para a instalação do "seguro". Em algumas plantas construídas posteriormente, o "seguro" está a pelo menos três portões dos presos do "convívio", já que para um deles chegar até lá deve ultrapassar o portão do "raio" em que está, as grades da "radial" que cercam seu "raio" e o portão ao final da "radial" que dá acesso ao "seguro" – sem falar das próprias grades da cela do "seguro".

Crime e proceder **183**

olhos, e à distância em que se possa fazer ouvido, um "cara que te caguetou", um "estuprador", um "justiceiro que queria te matar", um "noia que tá te devendo uma grana", um "safado que tem que morrer". Pode-se imaginar o quão corriqueiro eram os xingamentos e as ameaças dirigidas contra tais presos. Meu interlocutor, além de outros ex-presidiários que passaram por prisões espacialmente similares, contam que o desespero dos presos do "seguro" era potencializado nessas condições, principalmente quando ouviam, dos demais presos, que as grades do "seguro" seriam cerradas por eles durante a próxima (e inevitável) rebelião.

Meu interlocutor fora preso no ano de 1984 e levado para a 4ª Delegacia da Divisão de Investigações de Crimes Sobre o Patrimônio do DEIC (Departamento Estadual de Investigações Criminais). Logo em seguida iniciou uma longa "jornada pelo sistema", marcada por passagens em muitas "cadeias" ao longo da década de oitenta e noventa. Durante essa "jornada", "mais ou menos em [19]88", chegou à "cadeia de Samaritá". Em sua chegada, foi recebido pelos "faxinas" como um preso altamente respeitado, um "ladrão de conceito", e passou a morar no "barraco da faxina". Não era para menos. Segundo o que me disse, tratava-se de um homem com "conduta irretocável no crime": possuía um "currículo" repleto de "157" (artigo penal que define assalto à mão armada), nenhum "121" (artigo penal que define homicídio),[34] fora "faxina" nas duas unidades prisionais pelas quais passara,

---

34 Alguns de meus interlocutores que ingressaram no "sistema prisional" até o início da década de noventa, formulam uma espécie de depreciação ao "121". Já o "157" é sempre enaltecido.

não colecionava inimigos e era um entusiasta das "fugas". Além disso, possuía uma característica diferenciadora que o fazia ser percebido de modo específico pelos demais presos: era tido "crente" por conta de sua "fé em Deus" e de seu modo "humilde" de agir, apesar de "jamais" ter pleiteado uma vaga na "cela dos evangélicos". Enfim, era um preso que não se abdicava de participar das questões decisivas que ocorriam no "convívio".

Após "arrumar um barraco para morar", reencontrar antigos "camaradas" – tanto de outras prisões como dos bairros em que viveu – e compreender o modo como os "faxinas tocavam a cadeia",[35] meu interlocutor ficou sabendo que o "seguro" ficava no próprio "raio" do "convívio". Dirigiu-se até lá e encontrou quatorze homens extremamente amedrontados e encostados na parede ao fundo da cela. Falou-lhes: "bom dia rapaziada. Tem alguma coisa que eu posso fazer por vocês? Qual que é a fita de vocês? Porque vieram para cá?" Após um pesado silêncio, um dos "seguros" falou-lhe: "eu estou pelo errado mesmo. É dívida". Meu interlocutor respondeu-lhe: "aí é foda".[36] De repente, entre os rostos perturbados, ele reconheceu alguém que não sabia exatamente quem era: "ô sangue, nós já se trombamo em alguma cadeia?"[37] O homem se levantou e respondeu positivamente. Imediatamente meu

---

35   "Tocar a cadeia" é o mesmo que conduzi-la a partir de um "ritmo", dirigir seu "andamento": planos de fuga em execução, rebeliões, negociações com a administração prisional, exílios de "presos sem proceder" etc. Mas isso, como já deve estar claro, não tem nada a ver com "posse" ou com "ser dono" desses processos.

36   Como quem diz, *então não tem jeito.*

37   O mesmo que: *ei você, nós já nos encontramos em alguma cadeia?*

interlocutor o indagou sobre a razão de estar no "seguro". Então ele respondeu que sua ex-esposa, após sua prisão por "157", o havia acusado de estupro contra a própria filha, e que alguns meses antes havia saído sua condenação por mais essa "bronca".[38] No entanto, defendeu-se dizendo que jamais faria algo tão repugnante, ainda mais contra a própria filha. Disse que a menina, na época do processo, contava com "uns nove anos" e que com certeza havia sido manipulada pela mãe – desejosa de se livrar dele para dar continuidade ao novo relacionamento que havia iniciado. Meu interlocutor, que na época já era pai de quatro filhos e de uma filha, sentindo profundamente a "verdade daquelas palavras", disse-lhe que podia ajudar, desde que ele aceitasse trazer a própria filha para um "debate" junto aos presos. Além disso, o homem deveria se posicionar diante de um prévio "debate", junto aos "faxinas", que decidiria se seria possível e plausível trazer a menina para a cadeia. Contudo, alertou-lhe sobre uma consequência: "se for mentira eu te mato". Apesar de receoso, o homem aceitou aquela oportunidade. Alertou, no entanto, que seria extremamente difícil convencer algum familiar a trazer sua filha. Meu interlocutor pediu-lhe confiança e tempo para deliberar essa "questão" junto aos "faxinas". O homem topou.

Após procurar os "faxinas", meu interlocutor pediu-lhes que dessem uma oportunidade àquele homem para que se posicionasse num "debate". Um dos "faxinas" disse-lhe: "tio,

---

38   "Bronca", nesse caso, é uma infração penal assumida (independentemente de ter sido cometida ou não). Diz-se, entre meus interlocutores, que "muitos cara assina bronca debaixo de tortura; bronca que nem é dele".

deixa de advogar para seguro; aquele pilantra é estuprador".[39] Meu interlocutor devolveu: "se ele for mesmo, eu mato". Um outro "faxina" impôs uma condição: "eu não vou chegar perto daquele lixo; se ele quiser vir para um debate vai ter que ser aqui fora [no pátio]". Meu interlocutor respondeu-lhe que o homem aceitava tal condição. Um outro, ainda, disse que meu interlocutor não poderia defender o tal homem no "debate". Meu interlocutor concedeu que assim seria feito. Diante dos termos acordados, os "faxinas" não se opuseram, mas não entenderam como o homem faria para trazer a própria filha ali. Meu interlocutor disse que "daria uma ideia"[40] num carcereiro, conhecido por agir de forma "mais humana", para que interviesse nessa "questão" e convencesse algum parente do homem que estava no "seguro" para que trouxesse sua filha. Os "faxinas" não se opuseram.

Antes, entretanto, meu interlocutor ainda tinha que convencer o mesmo carcereiro a "destrancar" o "seguro" para que o homem pudesse sair. Pela sua atipicidade, tal pedido era conhecido (e ainda é) entre os carcereiros e administradores como uma "trama" para se acertar contas com algum desafeto. Mas a palavra de quem é tido "autêntico ladrão" – não a de qualquer um –, ao contrário do que se imagina, vale muito até mesmo (eu diria, mais ainda) para o diretor da unidade prisional. Seu pedido foi aceito e o homem "destrancado". Como um "cara de proceder", o homem se dirigiu ao canto do pátio onde estava

---

39 Meu interlocutor era comumente chamado de "tio", por conta mesmo de sua idade, ou melhor, de sua mais idade em relação à maior parte dos presos.

40 Ou seja, *tentaria convencer*.

combinada a realização do "debate". Lá se reuniu aos quatro "faxinas" e ao meu interlocutor para se defender da injúria de estuprador que sobre ele recaía. Durante todo o "debate" olhou "na bolinha"[41] dos "faxinas", não temeu por nada, foi "cabuloso" e, além disso, não se contradisse em sua argumentação. Os "faxinas" disseram-lhe, então, para que ficasse morando no "convívio" até que sua filha – que já contava com "uns onze para doze anos" – fosse trazida para o "debate" final.

Durante os dias de "convívio" que antecederam a vinda de sua filha, o homem fez sua "caminhada dignamente", pouco falou com meu interlocutor – para não sofrer alguma acusação de estar no "pano"[42] dele – e também não ficou "escondido" dentro da nova cela. Eis que o grande dia chegou. Seu irmão trouxe a sobrinha, sua filha. O encontro, segundo meu interlocutor, foi uma das coisas mais "maravilhosas" que ele já viu – pedi para que ele narrasse como foi, mas ele apenas repetia: "não dá para falar; foi maravilhoso". Diante de tal cena, preocupados em não ofender o caráter "sagrado" que possuem as "visitas" para os prisioneiros, os "faxinas" cuidaram para que o "debate" não passasse de uma breve reunião, ou melhor, para que não passasse de uma breve resposta da menina à pergunta do próprio pai, já que eles não ousariam dirigir a palavra à criança. A menina desdisse a condenação que o pai havia sofrido. Suas ternas palavras encerraram o "debate".

---

41 Diz-se que alguém "olhou na bolinha" quando se percebe que seu olhar não se desvia do olhar de outro. Muitas vezes esse gesto é tido como uma prova da "verdade" que se está a defender.

42 Relembrando, "pano", nesse caso, é o mesmo que *proteção*.

Dias antes da pronunciação dessas poderosas palavras, o "crime" se efetuava através do "movimento" de considerações que conservava (imobilizava, portanto) a condição de estuprador conferida a esse homem. Ao que tudo indicava, permaneceria no "seguro", amedrontado e encostado na parede ao fundo de tal cela, até que pior sorte lhe encontrasse. Imponderavelmente, entretanto, teve melhor fortuna: viu--se diante de um conhecido disposto a ajudar. Súbito raro encontro entre duas diferentes partículas atravessadas pelo "crime", pelo "movimento" de considerações. Disso abriu-se uma possibilidade de reconsideração, uma remota chance de dissolver essa ameaçadora condição. Prontamente se efetivava uma *diferenciação* no jogo de forças. Era o signo do *novo* já se inscrevendo no improvável acordo entre um "seguro" e um "ladrão", sustentado pelo "sentimento" que esse teve de que aquele não era um "estuprador".

No ato seguinte, o encontro entre meu interlocutor e os "faxinas", mais uma vez se *diferenciavam* as forças em jogo. Enquanto o primeiro posicionava uma *nova* consideração sobre o tal homem, embora se tratasse de uma consideração ainda reticente, os outros viam suas certezas invadidas pela suspeita levantada. No canto do "pátio", onde o homem se posicionou frente aos "faxinas", foi produzida uma "oportunidade", uma chance legítima de "provar" que não era estuprador. E se até aquele momento vivia encostado na parede ao fundo do "seguro", encerrado, imobilizado pelas considerações que dele tinham os demais presos, desde então foi "morar no convívio", onde sua "caminhada" passou a ser sopesada pelos "faxinas". Até que as palavras de sua filha marcassem o término do "debate", definindo se ele seria definitivamente integrado ao "convívio" ou se seria morto, esse homem permaneceria em uma *nova* condição: suspenso de sua condição de "seguro".

No terceiro ato, essa suspensão da condição de "seguro", que foi instaurada quando os "faxinas" confiaram a "verdade" buscada à palavra de uma menina "sagrada", portadora da única "prova" válida, viu anúncios de sua ruína no exato instante em que se deu o acontecimento "maravilhoso" não narrado por meu interlocutor. E se tornou destroços quando da boca daquela "filha" foi pronunciada a "prova" capaz de produzir decisiva alteração nas considerações que os "faxinas" tinham acerca de seu pai. Se se pode dizer que suas ternas palavras marcaram o término do "debate", seu encerramento, também se deve dizer que abririam passagem para o "crime", arrastando para adiante o "pé atrás" que os "faxinas" mantinham em relação a seu pai.[43] A suspensão da condição de "seguro", desde essas ternas palavras, tornou-se "fita passada".[44] Para adiante, uma *nova* disposição posicional de "aliados" e de "inimigos" naquela "cadeia".

"Que a psicologia permaneça no lugar"

Adentrei este capítulo impulsionado por avaliações que meus interlocutores fazem de si mesmos, principalmente ao analisarem os jogos de estratégias em que estão inseridos. Ao se deterem sobre o "ser ladrão", *algo* designado por "crime" já aparecia impondo situações, "ocasiões", nas quais é

---

43 Estar com o "pé atrás" é o mesmo que estar *desconfiado*.

44 "Fita passada" é um modo de se referir a *algo que já aconteceu*.

imprescindível "não errar", "ser ligeiro", por vezes "cabuloso", por vezes "humilde". Inclusive, deparei-me com formulações em que uma certa ressonância entre "crime" e *jogo* (de baralho) era trazida à exposição, na medida em que a noção de "ladrão" era levada a ressoar em *jogador*. Atrevi-me a perseguir essas ressonâncias. Entretanto, com o cuidado de não torná--las outra coisa que não ressonâncias: conversão do "crime" em jogo, por exemplo. Enfim, pareceu-me producente tomar esse *motivo* para indagar o "crime", esse *algo* ante o qual – ou melhor, "no" qual – os "ladrões" voltam-se sobre si mesmos, mas também para os *outros*, mensurando forças, calculando passos, meditando "palavras", acautelando olhares...

Dividi minha exposição em duas partes. Na primeira, apresentei três características definidoras do "crime": 1) *algo* cujo marco originário – seu *quando começou*, seu ponto donde emanou, enfim, sua *origem* – é indeterminado (o "crime" é *algo* do qual meus interlocutores sempre dizem que "já existia"); 2) *algo* impossível de demarcar espacialmente, por fronteiras, justamente por ser o próprio mover-se dos "ladrões (o "crime" é chamado de "movimento" por meus interlocutores); 3) *algo* que consiste na efetuação de considerações acerca das "caminhadas" de "ladrões" e de outros – "trabalhadores", policiais, estupradores, "justiceiros" –, das quais derivam alianças e execrações. Com base nesse quadro, afirmei que "crime" se trata de uma relação (de consideração), puro "movimento", puro fluxo, que conecta – e desconecta – a *dizibilidade* "proceder" à *visibilidade* "convívio"-"seguro", produzindo conjuntos concretos de "aliados" e de "inimigos". Por conta disso, pude passar a chamá-lo de *força*.

Já na segunda parte, destaquei três sinais da imponderabilidade de seu "movimento": 1) os verbos que designam as *mil ações* arrastadas pela *força* "crime", encontram em *de repente* seu mais íntimo advérbio; 2) cada uma dessas *ações* é imprescindível para efetuação do "crime" – ele se expande nos seus rastros –, porém, somente na medida de sua não-suficiência, pois o devir dessa *força* não está contido em uma *ação*; 3) de cada efetuação do "crime" constitui-se uma *nova* disposição posicional de "aliados" e de "inimigos". Com esses sinais, busquei estabelecer um contraponto metodológico em relação ao capítulo precedente. Pois, se lá eu havia enfatizado o sentido de "ser ladrão", as atividades de um "eu" diante de seu oponente, seus cálculos a partir de uma pequena porção de certezas, agora, no presente capítulo, cabia destacar essa tormenta de incertezas própria de um *mundo* de *mil outros* que efetuam considerações. Eu precisava tracejar um mapeamento mínimo de "crime", que guardasse ao menos uma ínfima parte de tanta "tensão", de tantos "imprevistos", de tantas "incertezas" pronunciadas pelos meus interlocutores.

Impulsionado pelas ressonâncias de que falei, encontrei um *mundo de imponderáveis*, uma atmosfera de "tensão" para a qual meus interlocutores possuem uma precisa conceituação: "psicologia". Sem dúvida, um conceito muito utilizado: "no crime é só psicologia", "na cadeia é só psicologia", "se não aguentar a psicologia, é um abraço",[45] "é psicologia pra todo lado", "na psicologia a gente descobre quem é quem", "quem não é, não aguenta

---

45 "É um abraço", nesse caso, é uma espécie de despedida àquele que, segundo se crê, morrerá.

a psicologia".[46] Se trata de uma atmosfera mesmo, ou melhor, de um "clima". A "psicologia" é a resultante dos *mil* possíveis "psicológicos" que podem ser deflagrados a qualquer instante. É "uma parada que tá no ar",[47] fluindo por entre os *mil* vetores de "psicológico". Na música *Programado pra morre*, do grupo de *rap* Trilha Sonora do Gueto, consta uma exaltação a ela:

> (...) se não for pedreira vai pro 5 e não pro 7/ (...) E só quem é, sabe qual que é/ A psicologia permanece de pé/ Olhar cavernoso, maldade ou fome?/ Na lei do gueto, atitude é pra homem/ (...) Não sou mais que ninguém, não vim pra julgar/ Que a psicologia permaneça no lugar/ Se der falha a navalha estraçalha/ Do lado de cá, de lá, o sangue espalha (...) (Cascão *et al*, 2004b).

Na primeira frase desse trecho de música reencontramos a *visibilidade* "convívio"-"seguro". O *rapper* afirma que quem "não for pedreira" ("cara de atitude", "sujeito-homem" "cabuloso") fatalmente será "mandado para o [Pavilhão] 5" (o famigerado "seguro" do Carandiru), ao invés de garantir permanência no "[Pavilhão] 7" (um dos "convívios" do

---

46 Esse "é" nunca precisa de complemento, pois designa a reunião de atributos daquele que "se garante" por si mesmo: "[é] homem", "[é] pelo certo", "[é] cabuloso", "[é] humilde"... "[é] sangue-bom", "[é] sangue-na--bubina", "[é] firmeza nas fitas", "[é] pedra-noventa", "[é] madeira-de--dá-em-doido", "[é] mil graus"...

47 "Uma parada", nesse caso, é o mesmo que *uma coisa* ou *algo*.

Carandiru). Em seguida, diz-nos que "só quem é"[48] conhece "qual que é"; expressão que, nesse caso, remete ao próprio "crime": "só quem é" conhece "qual que é" do "crime". E o "qual que é", do "crime", é que a "psicologia" permanece existindo, valendo, *funcionando*. Sob ela – que flui por entre os jogos de consideração de "caminhadas" –, não adiantará fingir-se "pedreira" ao se esconder por de trás de um "olhar cavernoso", da própria "maldade" ou de uma "cara de fome".[49] Sua "tensão" é desastrosa àqueles que somente em aparência são "cabulosos". Somente a aguentam os "homens", pois são feitos de "atitudes", não de "olhares", de "maldades" ou de "caras". E isso está asseverado na "lei do gueto" (ou "lei do crime"), da qual a "psicologia" é uma decorrência climática. É imprescindível notar que "lei do gueto" nada tem a ver com *norma jurídica*, mas com uma espécie de *regra necessária* de consideração: reconhece-se um "homem" – um possível "aliado" –, por suas "atitudes", não por aparências. Portanto, aqueles que "não se garantirem pelas próprias atitudes", certamente terão de se proteger no "seguro".

Apesar desses apontamentos, o *rapper* deixa claro que não é "mais que ninguém", não é um juiz do "crime" imune aos efeitos da "psicologia". Ao contrário, é mais um vetor de "psicológico", movendo-se no jogo de considerações. Mas isso não lhe configura motivo para lamentação. Antes, é seu motivo agonístico, próprio do "ser ladrão", para desejar

---

48   Cf. o sentido desse "é" na nota nº 46.

49   "Cara", aqui, como sinônimo de *face, rosto, semblante, expressão*. Ao preso que ostenta "ser cabuloso", sem "ser", pergunta-se com frequência se "está com fome".

que "a psicologia permaneça no lugar". Exaltação à "psicologia"! Afinal, não fosse ela, o "crime" converter-se-ia em um *mundo* de "pipocas" e "comédias". Um *mundo* de "caras sem atitudes", dissimulando essa *carência* atrás de máscaras de "ladrões". Como se mantém, de fato, os "vacilões" que "dão falhas" são "estraçalhados" por "navalhas", têm seus "sangues espalhados", seja fora ("do lado de lá") ou dentro da prisão ("de cá"). E nas manchas de tanto sangue, por certo pingam muitas lágrimas de choros tristes... mas também são lavadas muitas "honras", são ungidas muitas aliaças. Decisivamente, esse líquido "espalhado" durante embates derradeiros é uma substância imprescindível para a formação do escoadouro pelo qual passa o "crime".

CONSIDERAÇÕES FINAIS

Escolhi iniciar este experimento antropológico pela apresentação de uma *dizibilidade* denominada "proceder" e de uma *visibilidade* marcada pela divisão espacial entre "convívio" e "seguro". Após algumas páginas, receei que o modo escolhido para expor tais estratos poderia suscitar um mal-entendido, segundo o qual eles compõem uma estratificação objetivamente dada, percorrida, percebida, pensada, enfim, vivida, consensualmente. Era preciso uma espécie de segundo começo para dirimir esse inconveniente. Então dediquei atenção cuidadosa ao modo como meus interlocutores se apresentam a mim: através de diferentes *pontos de vista*. Dessa nova partida, multiplicaram as compreensões acerca do "proceder" e da divisão "convívio"--"seguro". Mais que isso, foi me dado a perceber diferentes defesas sobre o acoplamento "pelo certo" entre tais estratos, bem como ataques aos acoplamentos defendidos pelos "inimigos". Eu estava diante de saberes que realizam procedimentos *genealógicos* de análise, já que se debruçam sobre suas próprias experiências, e sobre as experiências de outros, a partir de uma questão que lhes é presente: "o que é o certo?".

Esses jogos de conexão e de desconexão dos estratos em questão – procedimentos de constituição de "verdade" – dão consistência a uma formação histórica. Formam uma estratificação movediça. Sobre ela, "caras" são acionados em "debates", travam seus embates, traçam suas estratégias. Movem-se entre as possibilidades dizíveis e visíveis estabelecidas, preenchendo as demarcações e remarcações do "proceder" e da divisão "convívio"-"seguro", percorrendo as sendas abertas por "verdades". Vimos esse diagrama de "mentes" em prontidão para o embate, no qual os presos são levados a prestar atenção a eles próprios, a "se conhecer", a "se blindar", a reconhecer o tamanho de seu poderio de defesa, de ataque, enfim, a se medir em sua "humildade" e em sua *cabulosidade*. Vimos o modo como os presos são levados a se reconhecerem como "caras humildes" (sujeito dessa "humildade") e "caras cabulosos" (sujeito dessa *cabulosidade*), constituindo de si para consigo um portentoso maquinário de relações, do qual deriva uma espécie de descoberta acerca da verdade de seu próprio ser: "sou ladrão".

Mas esse "eu" que volta sua própria atenção sobre si mesmo, prudente para prevalecer em sua condição de "cara de proceder" ante qualquer querela deflagrada, é apenas um *ponto* desse diagrama de fortalezas que atacam e defendem a ferro e fogo suas "honras". Há um jogo de forças nesse diagrama. Não basta achar-se "um cara de proceder", "digno de viver no convívio", "humilde com os humildes", "cabuloso na hora que precisa". Como dizem meus interlocutores, "tem que ser considerado". O "proceder", o "conceito", a "honra de um cara", passam pelas considerações dos *outros*. Com efeito, aquele que afirma "ter proceder" e "ser digno de ficar no convívio" não é simplesmente alguém que se julga, a si mesmo, nesses termos. Decisivamente, é alguém que se dá às considerações de outros.

E se parece claro que há um jogo de forças nesse diagrama, é preciso dizer que o nome dessas forças é "crime". Eis a tormenta, relação de consideração, puro "movimento", puro fluxo, que se expande imponderavelmente nos rastros de *mil* outros, na velocidade de *mil* olhares, na sonoridade de *mil* conversas, encontrando dois corpos mobilizáveis chamados "proceder" e divisão "convívio"-"seguro", desde onde se pode definir quem são os "caras de proceder", "dignos de ficarem no convívio", e quem são os "safados", "pilantras", "caguetas", "duque--treze", que deverão ser mortos ou "mandados para o seguro".

REFERÊNCIAS

ADORNO, Sérgio. "Apresentação". In: SALLA, Fernando. *As prisões em São Paulo: 1822-1940*. São Paulo: Annablume; Fapesp, 2006.

DU RAP, André & ZENI, Bruno. *Sobrevivente André du Rap, do Massacre do Carandiru*. São Paulo: Labortexto Editorial, 2002.

BARBOSA, Antônio Carlos Rafael. *Um abraço para todos os amigos: algumas considerações sobre o tráfico de drogas no Rio de Janeiro*. Niterói: Eduff, 1988.

BICCA, Alessandro. "A honra na relação entre detentos crentes e não-crentes". *Debates do NER*, ano 6, nº 8, jul./dez. 2005, p. 87-98.

BIONDI, Karina. *Junto e misturado: uma etnografia do PCC*. São Paulo: Editora Terceiro Nome, 2010.

_____. "Relatos de uma rebelião: a faceta representativa do PCC". In: *VII Reunião de Antropologia do Mercosul – Desafios Antropológicos* (CD-ROM), Porto Alegre, vol. 1, 2007a.

_____. "Devir-mulher: uma desterritorialização da prisão". In: *XV Jornada de Jóvenes Investigadores de la AUGM (Associación de Universidades Grupo Montevideo)*, 2007b.

_____. "Tecendo as tramas do significado: as facções prisionais enquanto organizações fundantes de padrões sociais". In: GROSSI, Miriam Pillar; HEILBORN, Maria Luiza; MACHADO, Lia Zanotta (orgs.). *Antropologia e Direitos Humanos 4*. Florianópolis: Nova Letra, 2006a, p. 303-350.

_____. "Paz, Justiça e Liberdade – Caminhos para pensar o PCC". In: *25ª Reunião Brasileira de Antropologia: saberes e práticas antropológicas – desafios para o século XXI* (CD-ROM), Goiânia, vol. 2, 2006b.

BOHANNAN, Paul. "Etnografia e comparação em antropologia do direito". In: DAVIS, Shelton (org.). *Antropologia do direito*. Rio de Janeiro: Zahar, 1973.

BRAGA, Ana Gabriela Mendes. *Identidade do preso e as leis do cárcere*. Dissertação (mestrado em Direito Penal) – Universidade de São Paulo, São Paulo, 2008.

CONECTAS Direitos Humanos; CANO, Ignácio; ALVADIA, Alberto (coord.). *Análise dos impactos dos ataques do PCC em São Paulo em maio de 2006*. São Paulo, 2008.

DELEUZE, Gilles. *Foucault*. São Paulo: Brasiliense, 2005.

_____. "Controle e devir". In: *Conversações: 1972-1990*. São Paulo: Ed. 34, 1992.

DELEUZE, Gilles & GUATTARI, Félix. "Introdução: Rizoma". In: *Mil Platôs. Capitalismo e esquizofrenia* (vol. 1). São Paulo: Ed. 34, 2005.

DETIENNE, Marcel. *Os mestres da verdade na Grécia Arcaica*. Rio de Janeiro: Zahar, 1988.

DIAS, Camila Caldeira Nunes. *A igreja como refúgio e a bíblia como esconderijo? Conversão religiosa, ambiguidade e tensão entre presos evangélicos e massa carcerária*. Dissertação (mestrado em Sociologia) – FFLCH-USP, São Paulo, 2005a.

_____. "Evangélicos no cárcere: representação de um papel desacreditado". *Debates do NER*, ano 6, nº 8, jul./dez. 2005b, p. 39-55.

FAUSTO, Boris. *Crime e cotidiano: a criminalidade em São Paulo (1880-1924)*. São Paulo: Edusp, 2001.

FELTRAN, Gabriel de Santis. "Trabalhadores e bandidos: Categorias de nomeação, significados políticos". *Revista Temáticas*, ano 30, vol. 15, 2007, p. 11-50.

_____. *Fronteiras de tensão: política e violência nas periferias de São Paulo*. São Paulo: Editora Unesp/CEM/Cebrap, 2011.

FOUCAULT, Michel. *Nascimento da biopolítica. Curso no Collège de France (1978-1979)*. São Paulo: Martins Fontes, 2008.

_____. *As palavras e as coisas: uma arqueologia das ciências humanas*. São Paulo: Martins Fontes, 2007.

_____. *Hermenêutica do sujeito*. São Paulo: Martins Fontes, 2006a.

_____. "Verdade e poder". In: *Microfísica do Poder*. Rio de Janeiro: Graal, 2006b.

_____. "Poder e saber". In: *Estratégia, poder-saber*. Rio de Janeiro: Forense Universitária, 2006c.

_____. *O uso dos prazeres*. São Paulo: Graal, 2005a.

_____. *O cuidado de si*. São Paulo: Graal, 2005b.

_____. *Vigiar e punir: nascimento da prisão*. Petrópolis: Vozes, 2004.

_____. "Aula de 14 de janeiro de 1976". In: *Em defesa da sociedade. Curso no Collège de France (1975-1976)*. São Paulo: Martins Fontes, 1999.

_____. *A arqueologia do saber*. Rio de Janeiro: Forense Universitária, 1995.

FRAGOSO, Heleno Cláudio. *Lições de direito penal*. Vol. 1. Rio de Janeiro: Forense, 1986.

GOIFMAN, Kiko. "Das 'duras' às máquinas do olhar: a violência e a vigilância na prisão". *São Paulo Perspec.*, vol. 13, n. 3, 1999, p. 67-75.

GOLDMAN, Marcio. "Introdução – antropologia da política e teoria etnográfica da democracia". In: *Como funciona a democracia: uma teoria etnográfica da política*. Rio de Janeiro: 7 Letras, 2006.

HEIDEGGER, Martin. "Que é isto – a filosofia?". In: *Os Pensadores, XLV: Sartre/Heidegger*. São Paulo: Abril Cultural, 1973, p. 205-222.

HIRATA, Daniel Veloso. "No meio de campo: o que está em jogo no futebol de várzea?" In: TELLES, Vera da Silva & CABANES, Robert (orgs.). *Nas tramas da cidade: trajetórias urbanas e seus territórios*. São Paulo: Humanitas, 2006.

JOCENIR. *Diário de um detento: o livro*. São Paulo: Labortexto Editorial, 2001.

JOZINO, Josmar. *Cobras e lagartos*. Rio de Janeiro: Objetiva, 2005.

LATOUR, Bruno. "Como terminar uma tese de sociologia: pequeno diálogo entre um aluno e seu professor (um tanto socrático)". *Cadernos de campo*, São Paulo, n. 14/15, 2007, p. 339-352.

LÉVI-STRAUSS, Claude. *O pensamento selvagem*. São Paulo: Papirus, 2004.

LIMA, Tânia Stolze. *Um peixe olhou para mim: o povo Yudjá e a perspectiva*. São Paulo: Editora Unesp/ISA; Rio de Janeiro: NuTI, 2005.

MACHADO, Roberto. "Por uma genealogia do poder". In: FOUCAULT, Michel. *Microfísica do poder*. 22ª ed. São Paulo: Paz e Terra, 2006.

MARQUES, Adalton. "'Liderança', 'proceder' e 'igualdade': uma etnografia das relações políticas no Primeiro Comando da Capital". *Etnográfica*, Lisboa, 14 (2), jun. 2010, p. 311-335.

_____. "'Faxina' e 'pilotagem': dispositivos (de guerra) políticos no seio da administração prisional. *Lugar Comum – Estudos de mídia, cultura e democracia*, UFRJ, vol. 25-26, 2008, p. 283-290.

_____. "'Dar um psicológico': estratégias de produção de verdade no tribunal do crime". In: *VII Reunião de Antropologia do Mercosul – Desafios Antropológicos* (CD--ROM), Porto Alegre, vol. 1, 2007.

_____. *"Proceder": "o certo pelo certo" no mundo prisional.* Monografia (graduação em Sociologia e Política) – Escola de Sociologia e Política de São Paulo, São Paulo, 2006.

MARQUES, Ana Claudia & VILLELA, Jorge Mattar. "O que se diz, o que se escreve: etnografia e trabalho de campo no sertão de Pernambuco". *Revista de Antropologia*, São Paulo, vol. 48, n. 1, jan./jun. 2005, p. 37-74.

MENDES, Luiz Alberto. *Memórias de um sobrevivente*. São Paulo: Companhia das Letras, 2001.

PEREIRA, Alexandre Barbosa. *De "rolê" pela cidade: os "pixadores" em São Paulo*. Dissertação (mestrado em Antropologia) – FFLCH-USP, São Paulo, 2005.

RAMALHO, José Ricardo Garcia Pereira. *Mundo do crime: a ordem pelo avesso*. Rio de Janeiro: Graal, 1979.

RODRIGUES, Humberto. *Vidas do Carandiru: histórias reais*. São Paulo: Geração Editorial, 2002.

SÁ, Geraldo R. de. *A prisão dos excluídos: origens e reflexões sobre a pena privativa de liberdade*. Rio de Janeiro: Diadorim, 1996.

SALLA, Fernando. *As prisões em São Paulo: 1822-1940*. São Paulo: Annablume/Fapesp, 2006.

STRATHERN, Marilyn. *O gênero da dádiva: problemas com as mulheres e problemas com a sociedade na Melanésia*. Campinas: Editora da Unicamp, 2007.

VERNANT, Jean Pierre. *As origens do pensamento grego*. Rio de Janeiro: Bertrand Brasil, 1998.

_____. *Mito e pensamento entre os gregos: estudos de psicologia histórica*. Rio de Janeiro: Paz e Terra, 1990.

WACQUANT, Loïc. *As prisões da miséria*. Rio de Janeiro: Zahar, 2001.

ZALUAR, Alba. *A máquina e a revolta: as organizações populares e o significado da pobreza*. São Paulo: Brasiliense, 2000.

Documentos digitais

AFRO-X. "Só os fortes". In: *509-E. Provérbios 13*. São Paulo: Atração. 1 CD. Faixa 3. 2000.

CASCÃO *et al.* "3ª opção". In: *Trilha sonora do gueto. Us fracu num tem veiz*. São Paulo: Sky Blue Music. 1 CD. Faixa 2. 2004a.

_____. "Programado pra morre". In: *Trilha sonora do gueto. Us fracu num tem veiz*. São Paulo: Sky Blue Music. 1 CD. Faixa 4. 2004b.

DEXTER. "Triagem". In: *509-E. Provérbios 13*. São Paulo: Atração, 1 CD. Faixa 5. 2000a.

_____. "Oitavo anjo". In: *509-E. Provérbios 13*. São Paulo: Atração, 1 CD. Faixa 6. 2000b.

EDUARDO *et al.* "A marcha fúnebre prossegue". In: *Facção central. A marcha fúnebre prossegue*. São Paulo: Sky Blue Music. 1 CD. Faixa 4. 2004.

EDY ROCK *et al.* "Crime vai e vem". In: *Racionais MC's. Nada Como um Dia Após o Outro Dia*. São Paulo: Unimar Music. 2 CDs. Faixa 3 (CD 2). 2002.

JOCENIR & MANO BROWN. "Diário de um detento". In: *Racionais MC's. Sobrevivendo no Inferno*. São Paulo: Unimar Music. 1 CD. Faixa 7. 1998.

MANO BROWN *et al.* "Vida Loka – Parte 1". In: *Racionais MC's. Nada Como um Dia Após o Outro Dia*. São Paulo: Unimar Music. 2 CDs. Faixa 4 (CD 1). 2002.

SABOTAGE *et al.* "Mun-rá". In: *Espaço Rap – Vol. 10*. São Paulo: Sky Blue Music. 1 CD. Faixa 1. 2005.

SABOTAGE. "Na zona sul". In: *Rap é compromisso*. São Paulo: Zâmbia. 1 CD. Faixa 6. 2001a.

_____. "Respeito é pra quem tem". In: *Rap é compromisso.* São Paulo: Zâmbia. 1 CD. Faixa 9. 2001b.

SANDRÃO *et al.* "Piripac". In: *KL Jay na Batida – Vol. 3.* São Paulo: Unimar Music. 2 CDs. Faixa 3 (CD 1). 2001.

_____. "O trem". In: *RZO. Todos são manos.* São Paulo: Cosa Nostra. 1 CD. Faixa 16. 1999.

XIS *et al.* "Procedê e tal". In: *Fortificando a desobediência.* São Paulo: WEA. 1 CD. Faixa 12. 2001.

AGRADECIMENTOS

A viabilização material da minha pesquisa de mestrado foi propiciada por bolsas de estudo concedidas pelo Conselho Nacional de Desenvolvimento Científico e Tecnológico (CNPq), durante o mês de setembro de 2007, e pela Fundação de Amparo à Pesquisa do Estado de São Paulo (Fapesp), durante os vinte e três meses seguintes. A Fapesp também concedeu auxílio financeiro para esta publicação, em parceria com a Alameda Casa Editorial. Devo agradecer à equipe da Alameda, especialmente à editora Joana Monteleone, pela prontidão com que manifestou interesse por este trabalho, a Gabriel Patez Silva, pela atenção que dedicou à preparação da capa e contracapa, à Camila Hama, pela cuidadosa revisão, e à Danuza Vallim, pelo auxílio administrativo, pela paciência e pelo atendimento sempre cortês.

A construção deste trabalho não seria possível sem tantos encontros que me arrastaram para lugares outros daquele em que eu me encontrava no início da jornada. Certamente não serei capaz de nomear todos eles. A defasagem se torna ainda maior considerando as alianças produzidas nestes anos que separam esta publicação do momento em que concluí minha dissertação de mestrado (dezembro de 2009). De todo modo, procurei manter o conjunto dos agradecimentos que havia relacionado naquela época.

Agradeço aos meus interlocutores, pelas conversas, pela atenção e principalmente pela confiança. A alguns, inclusive, pela amizade. Esse trabalho não seria possível sem vocês.

Aos meus colegas de mestrado (turma de 2007) do Programa de Pós-Graduação em Antropologia Social da Universidade de São Paulo (PPGAS-USP): Adriana de Oliveira Silva, Alexandre Kishimoto, Ana Martha Tie Yano, Caio Pompeia, Camila Gauditano, Enrico Spaggiari, Florbela Ribeiro, Gabriel Pugliese, Gláucia Destro, Paula Wolthers, Renato Adura Martins e Thais Chang Waldman. Às professoras Fernanda Arêas Peixoto e Marta Amoroso, assim como aos professores, Heitor Frúgoli, José Guilherme Cantor Magnani, Márcio Silva, e Renato Sztutman.

Aos colegas com quem partilhei discussões instigantes, durante reuniões, nos corredores, durante cafés: Adriana Rezende Faria Taets, Ana Flávia Bádue, Ana Gabriela Mendes Braga, Ana Paula Gaudeano, André-Kess Schouten, Bruna Soares Angotti, Camila Caldeira Nunes Dias, Carmen Sílvia Fullin, Carolina Christoph Grillo, Catarina Morawska Vianna, César Augusto de Assis Silva, Contador Borges, Daniel de Lucca, Dario Borelli, Douglas Anfra, Édson "Pézinho", Érika Giuliane, Fábio Ozias Zuker, Flávia Carolina da Costa,

Frederico Policarpo, Gabriel Feltran, Giovanni Cirino, Giuseppe Cocco, Jacqueline Moraes Teixeira, Jean Tible, Katucha Rodrigues Bento, Marcos Rufino (meu orientador de Iniciação Científica), Mario Miranda, Paulo Arantes, Paulo Leonardo Martins, Rodrigo Estramanho, Rosemary Segurado, Salvador Schavelzon, Stefanie Gil Franco, Tatiana Santos Perrone, Thais Diniz Coelho de Souza, Thomaz Kawauche.

À Ana Lúcia Pastore Schritzmeyer, minha orientadora, pelo incentivo, pela liberdade, pela paciência, pelas discussões, pelas críticas e pelo terno carinho. Sou profundamente grato por esses anos de orientação. Obrigado por ter escrito uma apresentação tão bonita, a qual me deixou bastante honrado.

À Ana Claudia Duarte Marques e a Antônio Rafael Barbosa, pelas inestimáveis contribuições dadas durante o exame de qualificação e durante a defesa da dissertação. Mas, acima de tudo, pela abertura que me deram para compartilhar ideias ao longo desses anos. Aos dois também devo agradecer pela honra que me concederam ao aceitarem escrever a orelha e o prefácio, respectivamente, deste livro. Qualquer um que lê-los com a devida atenção perceberá a generosidade – uma de suas características marcantes – que imprimiram nesses escritos.

A Jorge Mattar Villela, agora meu orientador de doutorado – pelo Programa de Pós-Graduação em Antropologia Social da Universidade Federal de São Carlos (PPGAS-UFSCar) –, pelas sempre instigantes conversas, que deixaram marcas profundas em minha dissertação.

Aos membros do *Hybris – Grupo de Estudo e Pesquisa sobre Relações de Poder, Conflitos, Socialidades* (PPGAS-USP/PPGAS-UFSCar) e do *Nadir – Núcleo de Antropologia do Direito* (PPGAS-USP).

À Karina Biondi, uma grande amizade conquistada. Obrigado pela nossa parceria em campo, pelos nossos incessantes "debates" online, pelo modo tão generoso com que compartilhou comigo seus resultados de pesquisa, enfim, pelas leituras que dedicou a esta dissertação (e a outros textos). Não tenho como expressar minha gratidão. Estendo esses agradecimentos à Dona Ângela, sua mãe, e também ao grande Chicão, seu esposo.

A Messias Basques, pelas inestimáveis sugestões sobre critérios artísticos relacionados à capa e à contracapa – acima de tudo, pela amizade!

O tempo arrasta as pedras do chão, rearranja o que antes parecia tenazmente fixo. Sou grato a Delcides Marques, Eduardo Dullo e Gabriel Pugliese, pelo tanto que me ajudaram desde os tempos de graduação. Não tenho como expressar a minha gratidão.

Com Juliana – obrigado pelo nosso Pedro – e família (Natanael, Rosangela, Uelinton) contraí uma enorme dívida, que não para de aumentar. Sem vocês, este trabalho seria impossível.

Finalmente, devo agradecer aos meus irmãos, Alexandre e Anderson, pelos esforços para instaurar alianças onde a consanguinidade pode falhar. À minha companheira Leilane, por cada passo nesses dias que se avolumam – e por uma das revisões pelas quais passou este livro! À minha grandiosa mãe (guerreira de fé, sem descanso, sempre guerreira!) e ao meu maravilhoso filho (companheiro, parceiro, amigo!), para os quais esta publicação é dedicada.

Este livro foi impresso em
São Paulo na primavera de
2014. No texto foi utilizada
a fonte Calluna, em corpo 11
e entrelinha de 16 pontos.